AI 메이커 교사가 만든
AI 아트디렉터를 위한

찐 실전 Chat GPT

생성형 AI 창의 융합 교육

조보미·김미경·서은석·김지영·이혜영·안은기·권택분 공저

★
(주)광문각출판미디어
www.kwangmoonkag.co.kr

이 책은 수업용 참고 도서로 개발되었습니다. 한 학기 커리큘럼을 준비하시는 선생님 또는 동아리 활동을 주체적으로 계획하는 학생에게 도움이 될 것으로 기대합니다. 인공지능을 활용하는 문화 예술 수업 및 생성형 AI가 무엇인지 활동을 통해 체험하며 이해하고자 하는 수업에서 활용하기 좋고, 최종적으로 활동한 내용을 온라인과 오프라인에서 전시할 수 있도록 구성되어 있습니다.

챗GPT를 사용해 보지 않은 사람은 있지만, 챗GPT에 대해 듣지 못한 사람은 거의 찾아볼 수 없을 정도로 챗GPT로 대표되는 생성형 AI의 인기와 활용은 하루가 다르게 성장하고 있습니다. 우리를 더욱 놀라게 하는 것은 그 기술이 지금은 시작에 불과하다는 것이며, 현재 모든 사람이 스마트폰 없는 세상을 상상할 수 없는 것처럼 앞으로는 생성형 인공지능을 활용하지 않는 삶을 상상할 수 없을 정도로 그 발전과 활용이 무궁무진하게 될 것이라는 것입니다. 불과 몇 년 사이에 인공지능은 사람만이 할 수 있다고 믿었던 창조적이고 아름다운 '예술'이라는 분야에서 사람과 비슷한 수준의 또는 능가하는 모습을 보여 주고 있습니다.

우리는 IT 교육 전문가로서 인공지능과 생성형 AI을 활용하면서 예술과 융합하는 방향으로 접근했고, 생성형 AI로 그림을 생성하는 것뿐만 아니라 직접 그린 그림에 부품이나 센서를 활용해 더욱 창의적이고 멋진 작품을 완성했습니다. 이런 과정을 통해 인공지능이 그저 무언가를 쉽게 만들고 얻게 해 주는 것이 아니라 우리의 창의력과 상상력을 새로운 차원으로 끌어올리는 즐겁고도 놀라운 경험을 하게 되었으며 이것이 우리가 꿈꾸는 아트디렉터의 모습이 아닐까 생각합니다.

최근 인공지능을 활용한 아트 프로젝트를 소개하는 책들이 많이 나오고 있으며 전문가들이 활용할 수 있는 내용까지 다루는 책들도 출판되고 있지만, 이 책은 최대한 무료 서비스를 활용하여 학교에서 적용할 수 있는 범위 안에서 소개하는데 집중했습니다. 무료 서비스를 사용해 스토리텔링 이미지(웹툰), AI 작곡과 추상화의 콜라보레이션, AI 인터랙티브 아트 프로젝트 등 다양한 프로젝트를 만들 수 있도록 구성했습니다. 이 책의 목적은 아트 디렉터에게 필요한 생성형AI 사용 방법을 설명하고 그것을 활용해 기술과 예술이 만났을 때의 시너지를 전달하는 데 있습니다.

　　이 책이 여러분에게 생성형 AI를 활용하여 아트디렉터로서의 역할을 어떻게 혁신적으로 수행할 수 있는지에 대한 가이드를 제시해 줄 뿐만 아니라 챗GPT를 통해 창의적인 아이디어를 발굴하고, 디자인 콘셉트를 구체화하며, 프로젝트를 보다 효과적으로 진행할 수 있는 방법을 알려 줄 수 있기를 바랍니다. 또한, 새로운 기술을 예술과 결합하여 그 속에서 무한한 가능성을 찾는 시간을 즐기시기를 기대합니다.

저자 일동

1부 생성형 AI와 AI 아트디렉터

1장 생성형 AI에 대하여

2장 AI 아트디렉터! 인공지능 시대의 성공 열쇠

2부 생성형 AI로 이야기 창작하기

3장 AI 웹툰 만들기
with 스테이블 디퓨전(Stable Diffusion)

3부 생성형 AI로 예술가 따라잡기

5장 AI 작곡과 추상화의 콜라보

6장 AI 인터렉티브 아트

7장 인터렉티브 아트 앱 만들기

8장 AI 아트 작품 전시

1

생성형 AI와
AI 아트디렉터

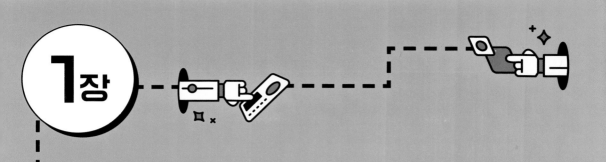

생성형 AI에 대하여

1. 생성형 AI란 무엇인가?

생성형 AI는 영어로 Generative AI라고 한다. 주어진 입력 데이터를 학습해 새로운 콘텐츠를 생성하는 인공지능의 한 종류이며 텍스트, 이미지, 음악, 비디오 등을 포함한 다양한 형태의 데이터를 생성할 수 있다.

여기서 인공지능(AI)은 Artificial Intelligence의 약자로 사람의 두뇌와 같은 지능을 인공적으로 만들어 낸 모든 형태의 것을 말한다. 여러 가지 다양한 기술이 있지만, 인공지능을 설명하려면 우선 컴퓨터에서부터 시작해야 할 것 같다.

ㄹ. 인공지능의 역사

 인공지능의 시작은 컴퓨터이다. 사실 컴퓨터는 사람을 대신해서 사람보다 더 정확하고 빠르게 계산을 시키기 위한 도구로써 발명되었다.

 빠르고 정확한 계산이 필요했던 이유는 2차 세계대전 당시 비행기 폭격을 위한 위치의 암호화와 전달받은 암호를 빠르게 계산하여 해독하기 위해서였다. 그 전쟁에서 암호 해독을 빠르게 해 승리한 곳은 연합군이었고, 연합군에 속해 그 기계를 만든 사람이 바로 '엘런 튜링'이다. 인공지능이 잘 만들어졌는지 판단하는 테스트를 '튜링 테스트'라고 부르는 이유도 거기에 있다.

[그림 1-1] 튜링 머신 (출처 - 영화 〈이미테이션 게임〉 中)

 그렇게 본다면, 컴퓨터는 그 시작이 인공지능을 위함이 아니었을까?

 컴퓨터 특히, 개인용 컴퓨터(Personal Computer)가 보급되면서 우리 세상은 놀라운 변화를 가져왔다. 증기기관이 발명되어 방직 공장이 만들어지면서 세상이 크게 변했을 때와 마찬가지로….

[그림 1-2] 개인용 컴퓨터
(뤼튼으로 생성)

인공지능이란 개념이 다트머스 회의(Dartmouth Conference)를 통해 세상에 나온 것은 1956년부터지만 활성화되기 시작한 것은 스스로 규칙을 찾아 학습하는 '머신러닝' 알고리즘이 등장한 '제3차 AI의 붐'부터이다. 2016년 알파고와 이세돌의 바둑으로 세계인의 눈길을 사로잡은 이후로 더욱 활성화되었고, 특히 챗GPT와 같은 생성형 AI가 나타나면서 세상을 확실히 뒤집어 놓을 무언가가 나타났다는 기대는 더욱 힘을 받고 성장하고 있다.

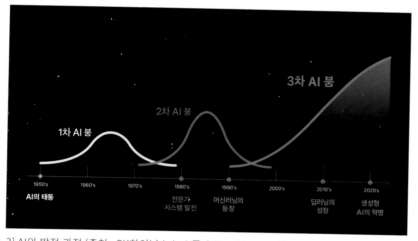

[그림 1-3] AI의 발전 과정 (출처 - SK하이닉스 뉴스룸, https://news.skhynix.co.kr/post/all-around-ai-1)

1958년 고안된 퍼셉트론이란 알고리즘은 인공신경망의 기본 단위로, 가장 간단한 형태의 인공지능 모델 중 하나이다. 사람의 뇌 신경세포(Neuron)의 동작 과정처럼 몇 개의 입력(Input) 중 의미가 있는 것이 출력(Output)된다.

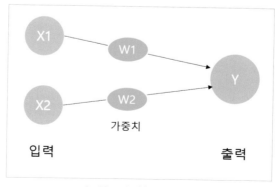

[그림 1-4] 단층 퍼셉트론

초기 퍼셉트론에서는 XOR 연산을 할 수 없어서 비선형 문제를 해결하지 못한다는 벽에 부딪혀 인공지능의 두 번째 침체기를 겪기도 했지만, 이를 극복하기 위해 다층 퍼셉트론(Multi-Layer Perceptron)이 개발된다. 다층 퍼셉트론은 하나의 출력이 다음 신경 세포의 입력(Input)으로 전달되는 구조로서, 입력값과 가중치에 따라 다음 스텝으로 전달되는 의미 있는 값이 될 수 있다. 이는 딥러닝으로 발전되어 어려운 문제들을 풀 수 있는 중요한 인공지능 기술로 활용되고 있다.

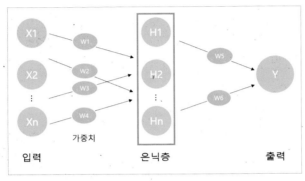

[그림 1-5] 다층 퍼셉트론

단층 퍼셉트론의 한계로 인한 인공지능 빙하기를 깨고 부활의 신호탄을 쏘아 올리는 데 성공한 제프리 힌튼은 2012년 일반적인 프로그래밍 로직 처리로 우승해 오던 전년도(오류율 25.8%)까지의 결과와 비교해 압도적인 차이(오류율 16.4%)로 우승을 하며 딥러닝은 AI 연구의 대세가 된다.

컴퓨터의 시작부터가 그러했듯이 컴퓨터가 가장 잘할 수 있는 것은 '빠른 계산'이고 또 하나는 '자동화'이다. 엄청나게 길고 지루한 학습을 통해 마치 인간인 것처럼 지능을 자랑하는 딥러닝을 위해 꼭 필요한 기술 또한 '빠른 계산'과 '자동화'이다.

빠른 계산에 힘을 실어 준 장치가 바로 GPU(Graphics Processing Unit)로 게임 등을 위한 빠른 그래픽 처리 계산에 활용되던 GPU가 딥러닝 발전에 엄청난 영향을 주게 된다. 인공지능의 붐이 식지 않는 또 하나의 이유는 쉴 새 없이 쏟아지는 엄청난 데이터(Big Data)이다. 많은 데이터를 빠르게 연산할 수 있는 GPU와 학습할 수 있는 풍부한 데이터(Data)를 통해 인공지능은 지금까지 그 붐이 유지되며 끝없는 성장을 계속하고 있다.

3. 딥러닝 체험

티처블 머신(Teachable Machine) 사이트를 통해 오디오, 포즈(영상), 이미지 분류와 같은 딥러닝을 간단히 체험해 볼 수 있다. 아래는 다수의 개와 고양이 이미지를 수집해 인공지능에 학습시킨 다음 카메라로 촬영한 사람이 강아지상인지 고양이상인지 분류하는 체험을 해 보는 예시이다.

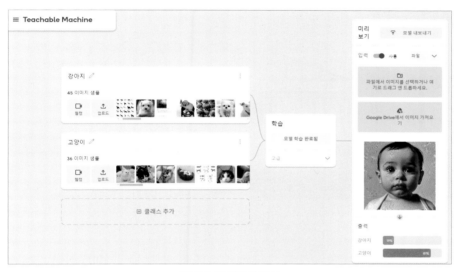

[그림 1-6] 티처블 머신

퀵드로우(Quick, Draw!) 사이트는 주어지는 단어에 맞는 그림을 낙서처럼 간단히 그려 내면 사용자가 그림을 그리는 동안 인공지능이 무엇을 그리는지 맞춘다. 사용자는 그림을 그리면서 딥러닝에게 낙서 이미지를 학습할 수 있도록 데이터를 제공하고, 퀵드로우는 사용자에게 재미를 선사해 준다.

[그림 1-7] 퀵드로우

오토드로우(AutoDraw)는 사용자가 그림을 그리면 상단의 Do you mean: 부분에 그리고자 하는 물건을 자동으로 그려 표시해 주는 사이트이다. 상단에 표시된 그림을 선택하면 인공지능이 제시해 주는 그림으로 내가 그린 그림을 바꿀 수 있다.

[그림 1-8] 오토 드로우

위에 소개한 세 사이트는 모두 구글에서 무료로 제공하는 서비스이며, 모두 회원 가입이나 로그인 없이 쉽게 접근할 수 있도록 구성되어 있다. 이뿐만 아니라 Github 라는 플랫폼은 프로그래머들이 소스 관리를 할 수 있는 저장소로 무료로 제공되고 있으며, 개발자 친화적인 정책 덕분에 오픈소스의 성지로 떠올랐다.

기업들이 이렇게 무료로 좋은 서비스를 제공하는 이유는 무엇일까? 이는 모두 제공되는 서비스를 통해 딥러닝 학습에 활용될 많은 데이터를 확보할 수 있기 때문이다.

이와 같이 우리는 주로 이미지, 영상 등을 분류하거나 주가나 부동산의 가격 등을 예측하는 용도로 인공지능을 활용해 왔다. 그러면서 인공지능이 대체할 미래의 직업 중 인간의 창의력이 필요한 작업은 인공지능이 감히 쉽게 접근하지 못할 영역이라고 생각했다. 그러나 이런 예측은 CNN(Convolutional Neural Network: 합성곱 신경망 알고리즘)과 ReLU(Rectified Linear Unit)를 사용하며 딥러닝의 전성기가 시작된 지 얼마 지나지 않은 시점에 등장한 생성형 AI로 인해 빛나가게 된다.

4. 생성형 인공지능의 원리

머신러닝(기계학습)은 입력값과 출력값을 정해 주면 컴퓨터가 스스로 로직을 만들어 입력과 출력 사이의 규칙을 찾아내는 것이고, 머신러닝으로 해결이 안 되는 얼굴 인식, 자율주행, 인간과 바둑 대결 등을 위해 사람의 뇌를 모방해서 모델을 만든 것이 딥러닝이다. 딥러닝을 통해 머신러닝으로 해결되지 않던 문제들도 해결이 되었다. 그렇지만 딥러닝으로도 안 되는 것이 있었는데 그것이 바로 글을 작성하고, 요약하거나 사람의 심리를 예측하는 것 등 언어를 예측해야 가능한 것들이다. 입력할 데이터의 양이 적으면 해결할 수 없는 것들이지만 언어를 예측하는 능력으로 해결이 가능하다.

GPT(Generative Pre-Trained Transformer)란 '어텐션'과 '트랜스포머'라는 인공지능 수학 모델을 기반으로 만들어진 대규모 언어 모델이다. 대량의 텍스트 데이터를 사전에 학습하여 언어 패턴과 규칙을 학습한 형태이기 때문에 문장의 맥락을 이해하고 대화가 가능하며, 자연스러운 문장 생성이 가능한 대화형 인공지능 챗봇이 된 것이다.

GPT가 텍스트 생성, 번역, 요약, 질문 답변 등의 언어 작업에 효과적이라면 이미지 생성, 영상 생성, 데이터 증강 등에서 많이 사용하는 GAN(Generative Adversarial Network)이라는 생성형 인공지능 모델도 있다.

GAN은 생성자(Generator)와 판별자(Discriminator)라는 두 개의 신경망이 서로 경쟁하는 구조를 가지며 학습하기 때문에 생성자가 새로운 데이터를 생성하면 판별자는 이 데이터가 진짜인지 가짜인지 구별하며 더욱 진짜 같은 데이터를 만들어 내도록 학습한다. 그래서 퀄리티 높은 결과를 얻을 수 있게 되었다.

5. GAN

GAN(Generative Adversarial Network)은 실제로 존재하지 않는 이미지를 생성하고, 변형, 합성으로 유형을 바꾸어 준다. 흑백 이미지를 컬러로, 스케치를 그림으로, 영상의 주/야간을 바꾸어 주는 등 상상력과 기술력이 결합하여 더욱 정교하고 유용하게 발전하였다.

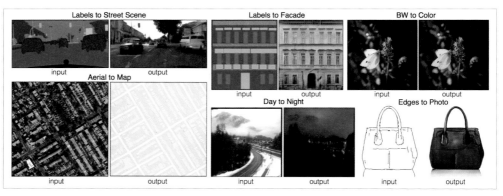

[그림 1-9] 이미지의 변형, 합성 (출처 - https://github.com/phillipi/pix2pix)

인공지능에 특정 화가의 화풍을 학습시켜 보았더니 마치 그 화가처럼 이미지를 생성하거나 합성해 낼 수도 있게 되었다. 생성형 AI가 어디까지 발전할까? 하는 궁금증을 갖지 않을 수가 없다.

[그림 1-10] 이미지 합성 (아트브리더로 생성)

　GAN 알고리즘의 활용은 이미지에 그치지 않고 음성과 영상 분야로 확대되었다. 2017년 워싱턴대학 연구팀은 영상 합성에 GAN을 적용하여 만든 '오바마 전 미국 대통령의 가짜 영상'을 공개하여 화제가 되었다. 오바마 대통령의 실제 연설에서 음성을 추출한 후, 음성에 맞게 입 모양을 생성하도록 GAN을 학습하여 가짜 영상을 만들어 냈다. 아래 사진들은 진짜처럼 보이지만 모두 GAN을 이용해 만들어 낸 가짜 영상의 일부분이다.

[그림 1-11] Fake Obama Video
(출처 - Supasorn Suwajanakorn. 2017. Synthesizing Obama: Learning Lip Sync from Audio)

1장
2장
3장
4장
5장
6장
7장
8장

GAN 알고리즘을 이용한 생성형 AI 서비스는 현재도 끊임없이 개발되고 있다. 무료로 체험해 볼 수 있는 서비스 중 구글 딥드림을 이용하여 상상이나 개념을 이미지로 번역해 보자.

딥드림(https://deepdreamgenerator.com/)에 접속하여 간단히 로그인 한 후 생성(generate) 버튼을 클릭한다. 텍스트 프롬프트에 원하는 이미지를 구체적으로 설명한 후 인공지능이 학습한 화풍을 고르고 나면 몇 초 안에 새로운 이미지를 생성해 준다.

한글로도 입력이 가능하나 엉뚱한 결과를 가져오는 경우가 많아 영어로 번역하여 입력하는 것이 좋다.

[그림 1-12] 딥드림 한글 프롬프팅

 [프롬프트 1] 텔레비전이 머리로 달린 양복 입은 남자가 석양이 지는 하늘을 날아다닌다.

인공지능이 최대한 사용자의 요구에 맞춰 이미지를 생성할 수 있으려면 구체적이고 명확하게 방향을 제시하는 텍스트를 입력해야 한다. 여기서 프롬프트 엔지니어링의 중요성이 나타난다.

프롬프트 엔지니어링이란 AI가 사용자의 요구에 최대한 맞춰 결과를 낼 수 있도록 프롬프트를 연구하고 개발하는 작업이다.

아래의 두 이미지를 비교해 보자. 사용자가 원하는 이미지는 텔레비전 머리를 한 양복 입은 남자이다. 프롬프트에는 텍스트 한 줄 정도의 차이지만 다른 결과가 나오는 것을 확인할 수 있다.

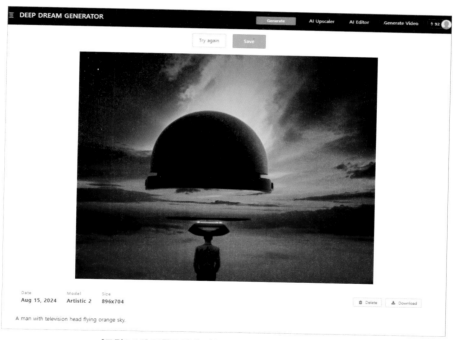

[그림1-13] 프롬프팅에 따른 딥드림 이미지 생성 비교 ①

[**프롬프트 1**] 텔레비전 머리를 한 남자가 주황색 하늘을 날고 있습니다.

A man with television head flying orange sky.

[그림 1-14] 프롬프팅에 따른 딥드림 이미지 생성 비교 ②

 [프롬프트 2] 텔레비전을 머리에 이고 있는 남자가 있습니다. 그는 양복과 넥타이를 매고 서류 가방을 들고 있습니다. 그는 해 질 녘 도시의 하늘을 자유롭게 날아다닙니다. 텔레비전을 머리에 쓰고 있어서 표정을 볼 수 없기 때문에 그의 기분이 어떤지 알 수 없습니다.

There is a man with a television as his head. He is wearing a suit and tie and carrying a briefcase. He flies freely through the sky of a city at sunset. We don't know how his feeling because we can't see his expression because he has a television for a head.

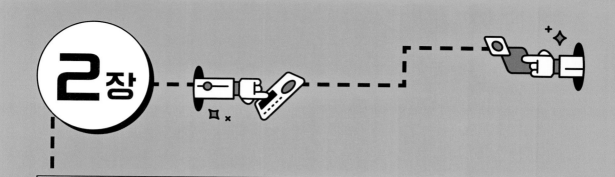

2장

AI 아트디렉터! 인공지능 시대의 성공 열쇠

1. AI 아트디렉터에 대해 알아보기

AI Creative Director의 시대가 왔다. 상상을 현실화시키는 아트디렉터의 일은 많은 장벽을 더 효과적으로 넘을 수 있도록 돕는 역할을 하는 사람이다. 발달된 프로세스와 다양한 아트디렉터의 임무는 스킬을 요한다. 특히 2000년대 중반부터 클라우드 시대의 디지털 플랫폼 경쟁의 본격화가 아트디렉터의 주무대였다면 이제는 인공지능이 아트디렉터가 독점하고 있던 섹터 중 스킬적인 측면의 갭을 엄청난 속도와 퀄리티로 평준화시킬 것으로 예상된다. 인공지능과 대화하는 법(프롬프트)을 배운다면 전문 아트디렉터만큼의 결과물을 만들어 낼 수 있는 세상에 살고 있다. 아트디렉터가 가진 본질적 가치는 언제나 문제를 해결하는 데 있다. 무엇이 좋은 것인지 아는 '안목', 다양한 것을 결합할 줄 아는 '융합', 사람뿐 아니라 인공지능(AI)과 협업할 수 있는 '소통'이 인공지능 시대에 성공의 열쇠라고 볼 수 있다.

첫째, 안목을 키우기 위해서는 다양한 경험이 필수적이다.

둘째, 융합을 제대로 하기 위해서는 틀 안에 갇힌 사고를 지양해야 한다.

셋째, 소통을 통해 아트디렉터 임무를 완수해야 한다. 어떤 주제를 어떤 방식으로 이야기해야 하는지 배우는 것은 AI 아트디렉터가 갖추어야 할 기본이 될 것이다.

AI는 작곡가와 화가를 아트디렉터로 만든다. 인공지능(AI)은 예술가를 대체하지 않고 예술가가 AI를 통해 더 상상력이 풍부한 작품을 만들어 낼 것이다.

[그림 2-1] ◆ Copilot, AI 아트디렉터의 모습을 표현해 프롬프트한 생성물 (DALL-E 3로 생성)

이 책에 후반부에 소개되는 인터랙티브 아트는 예술 작품과 관객 사이의 상호 작용과 소통을 중요하게 여기는 현대 예술의 한 형태이다. 이러한 아트 형식은 과거의 전통적인 예술과는 달리 관객이 작품에 참여하고 작품이 그들의 반응에 따라 변화하거나 반응을 불러일으킴으로써 새로운 창조 활동을 이루어 낸다. 인터랙티브 아트는 다양한 형태를 취할 수 있으며, 관객의 움직임에 반응하는 물리적 설치물부터 화면과 같은 인터페이스에서 사용자의 행동에 반응하여 변화하는 디지털 예술 작품까지 포함된다. 이러한 작품은 경험적이고 몰입적이며, 기술과 주변 세계와의 관계에 대한 성찰을 유도한다. 또한, AI와 같은 기술의 활용으로 새로운 차원을 제공하고 각 시청자에게 다른 출력을 생성할 수도 있다. 이러한 AI와 협업하고 여러 기술과 예술 작품을 기획&제작, 전시 기획까지 예술과 문화를 우리 사회의 새로운 시각 문화로 창조해 내는 기획자를 AI 아트디렉터라고 한다.

2. AI 아트디렉터가 사용하는 AI 서비스

과학 소설가 아서 클락(1917~2008)은 "충분히 발전된 기술은 마법과 구별되지 않는다."라고 했다. 자율주행, 로봇, 인공지능 등 기술이 그려 가는 미래는 우리에게 마법과 같은 놀라움을 주고 있다. 발달된 컴퓨터 알고리즘은 인간만의 전유물로 여겼던 예술 분야까지 장르와 경계가 없어지면서 AI 아트가 새롭게 입지를 만들고 있다.

다음 이미지는 인공지능 예술가 임채석 작가의 '시각으로 확장하는 지각의 현재 - 엔지니어 전(Enginer 展)' AI 갤러리 아이아에서 전시했던 작품이다.

[그림2-2] 임채석 'Sunset of Jeju' #1, #2, #11, #18 l AI. Engine NABI
(출처 - 네이버 블로그)

'Sunset of Jeju'는 공대 출신 엔지니어로 활동하는 인공지능 예술가 임채석 작가가 개발한 'AI 바다'가 내놓은 연작이다. 약 1만 3,000여 장에 달하는 바다 사진과 그림을 활용했다고 한다. 생성형 적대 신경망(GAN)을 학습시키고 학습된 모델에서 생성한 결과와 이미지에 뉴럴 스타일 트랜스퍼(neural style transfer)를 적용해 붓 터치의 개성을 살렸다. 한 번에 얻는 것이 아니라 LLM 안에서 생각 연구 수정을 거듭 반복하게 해서 퀄리티를 높이는 방법으로 결과를 만들어 냈다. 이렇듯 생성형 인공지능 기술의 발달로 문화 예술이 다양한 분야로 변화하고 있고, AI 아트디렉터가 사용하는 인공지능 서비스도 다양하게 발달하고 있다. 그중 그림을 그려 주는 AI 사이트에는 마이 에딧(MyEdit), 스테이블 디퓨전(Stable Diffusion), 미드저니(Midjourney), 달리 3(DALL-E 3) 등이 있다.

2-1) 마이 에딧(MyEdit)

마이 에딧(MyEdit)은 매일 접속하여 3크레딧(1개월 동안 유효)을 보너스로 받아 무료로 사용할 수 있다. 비즈니스, 사진 편집과 오디오를 생성할 수 있고 이 책에서 소개할 인공지능 활용 서비스를 한눈에 보여 주는 사이트로 예전 아트디렉터가 하던 일들이 인공지능 서비스로 대체됨을 볼 수 있다.

- https://myedit.online/kr/create?type=image

[그림 2-3] MyEdit 비즈니스 스튜디오

비즈니스 스튜디오에서는 AI 마케팅 스튜디오로 블로그나 SNS 작업 시 필요한 제품 배경 만들기, 사진 화질 높이기, 이미지 업스케일, 물체 제거, 누끼 따기 등 포토샵의 고급 스킬들을 손쉽게 할 수 있도록 서비스한다. AI 포토 스튜디오에서는 증명사진, 아웃핏, 얼굴 교체 등을 인공지능을 활용해 편리한 서비스를 제공한다.

MyEdit AI 디자이너에서는 이미지 생성, AI 복원, 채우기, 사진 늘리기, 인테리어 등의 서비스를 제공한다.

① AI 디자이너 → ② AI 인테리어 → ③ 사진 업로드 → ④ 빈티지 → ⑤ 생성 버튼 클릭 → ⑥ 다운로드 버튼 클릭

- https://myedit.online/kr/photo-editor/ai-image-generator

[그림 2-4] MyEdit 디자이너

[그림 2-5] MyEdit에서 AI 디자이너 중 AI 인테리어로 생성한 이미지

(1) AI 이미지 제작하기

- https://myedit.online/kr/photo-editor

1. AI 이미지를 제작하려면 로그인하여 이미지 생성 버튼을 클릭한다.

2. 이미지 툴을 선택하여 이미지를 생성, 수정, 복원, 변형할 수 있다.

3. 이미지를 업로드하여 비슷한 아트워크를 만들 수 있다.

[그림 2-6] 자동 생성에 업로드한 이미지

[그림 2-7] 텍스트로 자동 생성된 이미지

[프롬프트] 식물 옆 벽에 그림, 미니멀리스트 그림, 임시 예술, 가오 샹(수묵화와 유화의 이중 마스터)에서 영감을 받은 예술 코너, 미니멀리스트 환경, 아트 스테이션 풍경, 스튜디오 풍경

there is a painting on the wall next to a plant, a minimalist painting, temporary art, inspired by Gao Xiang, our art corner, minimalist environment, art station landscape, studio landscape

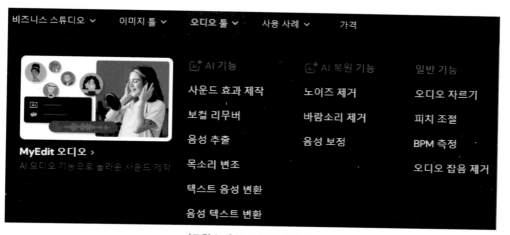

[그림 2-8] MyEdit 오디오 툴

[그림 2-9] MyEdit 오디오 생성

오디오 툴에서 AI 기능과 AI 복원 기능, 일반 기능을 할 수 있도록 서비스하고 있다. AI 기능에는 사운드 효과 제작, 보컬 리무버, 음성 추출, 텍스트 음성 변화, 음성 텍스트 변환 등의 서비스를 활용할 수 있고, AI 복원 기능에는 노이즈 제거, 바람 소리 제거, 음성 보정 등이 있다. 일반 기능에는 동영상 제작 프로그램에서 활용되는 오디오 자르기, 피치 조절, BPM 측정, 오디오 잡음 제거 등 녹음한 음원을 수정 보완할 수 있다.

[그림 2-10] MyEdit 오디오 효과음 생성

[프롬프트] 인터랙티브 사운드, 관람객의 움직임에 따라 변화하는 소리, 관객의 참여를 유도하는 인터랙티브 아트에 사용할 효과음을 생성

Interactive sound, sound that changes according to the movement of visitors, and generation of sound effects for use in interactive art that encourages audience participation

QR check!

[QR 2-1] 생성한 효과음

1장

2장

3장

4장

5장

6장

7장

8장

2-2) AI랩(AILab)

AI랩(AILab)은 이미지, 오디오, 비디오 제작을 더 쉽고 재미있게 만들어 주는 무료 온라인 도구를 제공한다.

① AILab 웹사이트 → ② Try it Now (지금 시도해 보세요) 클릭→ ③ Get Started For Free 클릭 → ④ 프로그램 다운로드 및 설치 → ⑤ 새로 만들기 클릭 → ⑥ 동영상 편집 창작 활동

- https://ailab.wondershare.com

1. 비디오 크리에이터, 다이어그램 및 그래픽, PDF 솔루션, 데이터 관리, AI 탐색 등 개발자를 위한 효과적인 온클라우드 AI 솔루션을 제공한다. 무료 시험판은 30개 이상의 제품을 무료로 체험해 볼 수 있다.

2. 'Try it Now, 지금 시도해 보세요'를 클릭하면 사용권대 창이 뜬다. 개요와 소비를 알 수 있다.

3. AI가 탑재된 완벽한 비디오 편집 도구로 손쉽게 창작할 수 있다. Get Started For Free를 클릭하면 프로그램 다운로드 및 설치하여 비디오 편집을 손쉽게 할 수 있다.

4. AI랩(wondershare Filmora)이 설치된 프로그램을 실행하여 +새 프로젝트를 클릭한다.

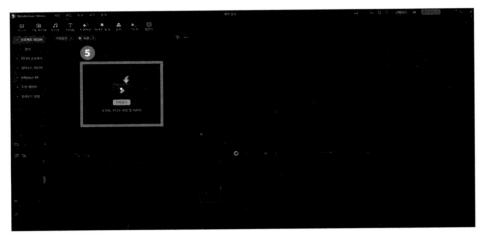

5. 가져오기를 클릭하여 동영상을 가져오기 한다.

6. 가져온 동영상을 편집하여 내보내기로 저장한다.

2-3) AI 동영상 편집 브루(VREW)

영상 편집 서비스인 브루(VREW)는 주제만 프롬프트하면 인공지능이 글과 사진을 만들어 영상과 자막까지 자동으로 생성해 준다. 완성된 영상은 무료로 내보내기가 가능하다.

① VREW 검색 vrew.ai → ② 무료 다운로드 → ③ 설치 후 회원 가입, 로그인 → ④ 인증 메일 확인 후 가입 완료 → ⑤ 새로 만들기 클릭 → ⑥ 동영상 편집 창작 활동

- https://vrew.ai/ko

1. VREW를 검색하고 무료 다운로드하여 설치한다.

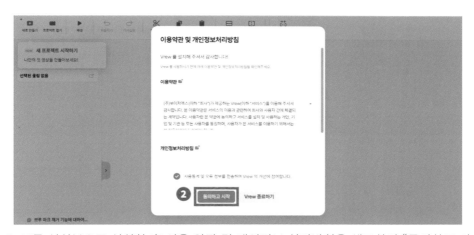

2. 브루 설치본으로 설치한 후 이용 약관 및 개인정보 처리방침을 체크하여 "동의하고 시작" 버튼을 클릭한다.

1장
2장
3장
4장
5장
6장
7장
8장

3. 회원 가입에 개인정보를 작성한다.

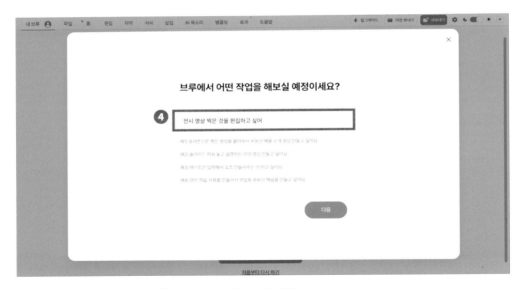

4. 브루에서 어떤 작업을 할 것인지 간단하게 작성한다.

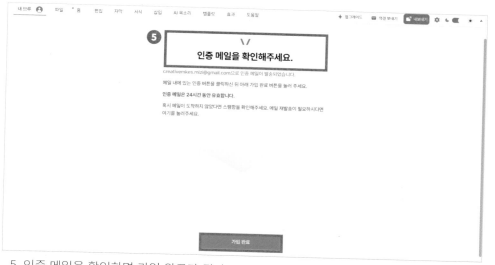

5. 인증 메일을 확인하면 가입 완료가 된다.

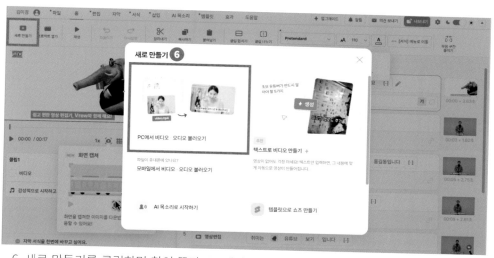

6. 새로 만들기를 클릭하면 창이 뜬다. PC에서 비디오 오디오 불러오기를 클릭한다.

7. 동영상의 음성 분석함을 체크하면 AI가 영상의 음성을 텍스트 자막으로 분석하여 보여준다. 분석 안 함을 체크하여 자막을 따로 생성할 수 있다.

8. 동영상 각각 부분 편집이 가능하다.

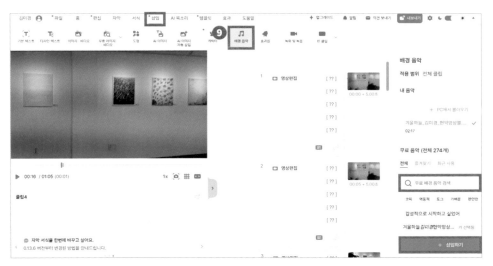

9. 메뉴에서 삽입-배경음악-무료 배경음악 검색 혹은 +삽입하기로 배경음악을 추가한다.

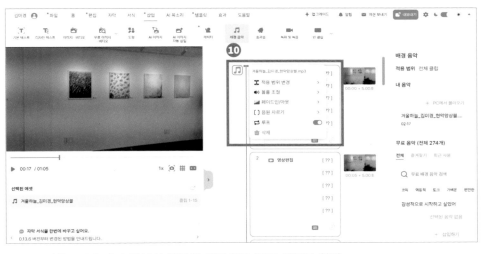

10. AI 사운드로우에서 생성한 음악을 삽입하고 루프 체크를 한다.

11. 동영상에 맞게 음원 자르기 기능으로 편집한다.

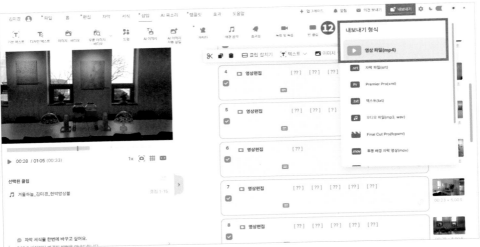

12. 영상 편집이 완료되면 내보내기 형식을 MP4로 저장할 수 있다.

13. 텍스트를 작성하여 애니메이션 효과와 편집하고 AI 음성을 삽입할 수 있다.

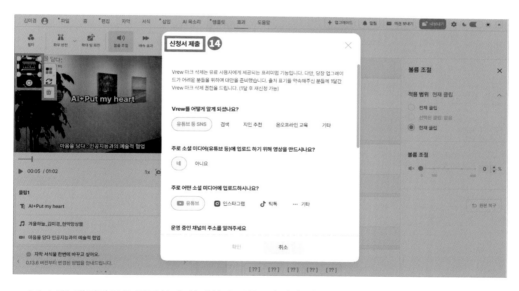

14. 브루 워터마크를 편리하게 삭제할 수 있는 방법이 있다. 워터마크를 선택하고 쓰레기통을 체크하면 신청서 제출 창이 뜨는데 간단히 체크만 하면 삭제가 가능하다.

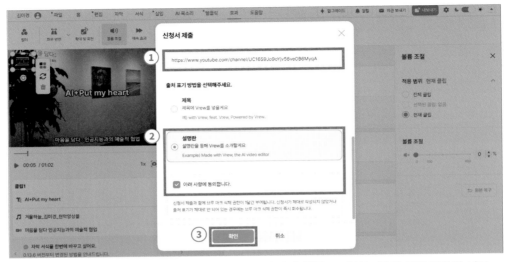

15. 유튜브, 인스타그램, 틱톡 등 플랫폼의 설명란에 출처를 표기하는 것과 동의사항에 체크하는 것으로 브루 마크 삭제가 가능하다.

16. 처음으로 브루 마크 삭제를 한 뒤부터는 쓰레기통 아이콘을 체크만 해도 간단하게 삭제할 수 있다.

17. 브루에서 텍스트로 비디오 만들려면 새로 만들기-텍스트로 비디오 만들기를 선택한다.

18. 화면 비율과 스타일을 선택한 후 [주제] 텍스트를 입력하면 인공지능이 대본을 써 준다. 대본은 수정과 덧붙이기가 가능하고 나머지 비디오 옵션들을 선택한 후 완료한다.

19. 생성된 영상은 자막, 음성, 이미지 모두 편집이 가능하다.

[QR2-2] 마음을 담다: 인공지능과의 예술적 협업 전시 영상

[QR2-3] 북극곰 카일리 완성 영상

2-4) AI 프레젠테이션 감마(Gamma)

아이디어를 표현하는 새로운 매체 감마(Gamma), AI와 협업하여 필요한 키워드만 입력하면 아름다운 프레젠테이션이 완성된다. 문서 및 웹사이트를 무제한으로 창조할 수 있다. 감마 AI는 인공지능 기반의 프레젠테이션 제작 프로그램이다. AI를 활용하여 효과적이고 전문적인 프레젠테이션을 만들 수 있도록 지원한다. 프로젝트 키워드 입력에 기반하여 최적의 디자인과 레이아웃을 제안함으로써 정보를 보다 쉽고 이해하기 쉬운 형태로 전달할 수 있도록 간단한 인터페이스와 인공지능 기술의 도움으로 프레젠테이션을 만드는 데 걸리는 시간을 효과적으로 줄여 준다.

① 감마(Gamma) 검색 → ② 로그인 클릭→ ③ 구글 계정 로그인 → ④ 작업 공간 지정 → ⑤ AI 만들기(생성) 클릭 → ⑥ 프레젠테이션 선택 → ⑦ 개요(주제, 키워드) 작성 후 개요 생성 클릭 → ⑧ 8~10개 카드 선택 → ⑨ 테마 선택 후 생성

- https://gamma.app/ko

1. 인터넷 검색창에 '감마(Gamma)'를 검색하고 첫 번째 검색 결과를 클릭한다.

2. 무료 가입을 클릭하여 로그인한다.

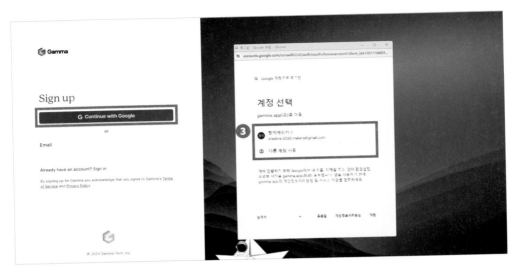

3. 구글 계정으로 손쉽게 로그인 가능하다.

4. 작업 공간의 이름을 지정하고 사용 계획과 본인의 직무를 체크한다.

5. AI로 만들기 - 생성 - 계속을 클릭한다.

텍스트 붙여넣기: 노트 개요 또는 기존 콘텐츠에서 만들 수 있다.

생성: 몇 초 만에 한 줄 프롬프트에서 만들 수 있다.

파일 가져오기: 기존 문서와 프레젠테이션을 변화하거나 개선할 수 있다.

1장

2장

3장

4장

5장

6장

7장

8장

6. 생성 페이지에서 주제, (AI 아트디렉터) 키워드를 작성하고 프레젠테이션을 선택한다.

7. 8~10개 카드(페이지)까지는 무료로 사용 가능하다.

8. AI 아트디렉터, 프레젠테이션 주제나 키워드를 작성하고 개요 생성을 클릭한다.

9. AI가 자동으로 8~10개의 카드 목록을 생성한다.

10. 프레젠테이션 테마 섞기를 선택하고 생성을 클릭한다.

11. 프레젠테이션이 자동 생성되는 모습을 볼 수 있다.

12. AI 아트디렉터의 필수 역량 페이지를 인공지능이 알아서 작성해 준다.

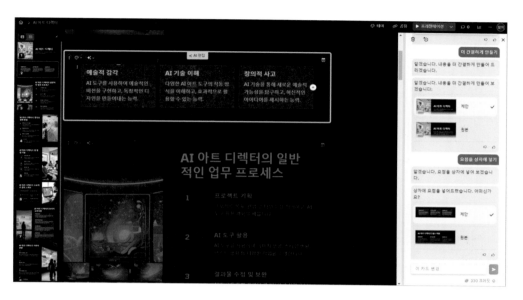

13. AI 아트디렉터의 일반적인 업무 프로세스도 작성해 준다.

14. 프레젠테이션 모드를 사용하여 발표자 보기를 선택한다.

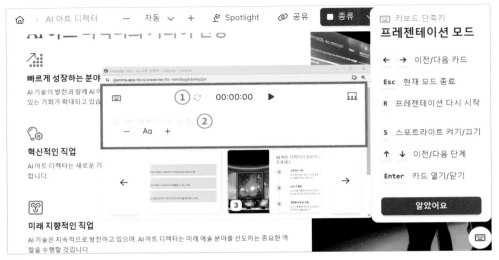

15. 발표자 보기 팝업창을 띄워 ① 타이머와 ② 노트 추가를 작성할 수 있다.

16. 공유 방법은 [링크 따라가기] 선택으로 링크 복사 방법과 [공유] 버튼으로 협업, 공유, 내보내기, 포함시키다와 사이트에 게시하는 방법이 있다.

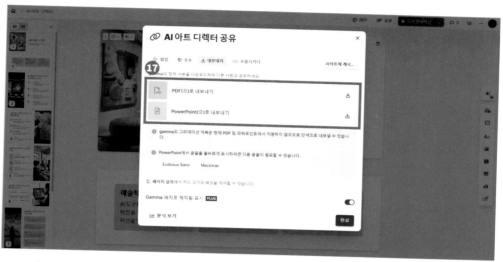

17. [내보내기] 버튼으로 PDF 또는 PowerPoint로 내보낼 수 있다.

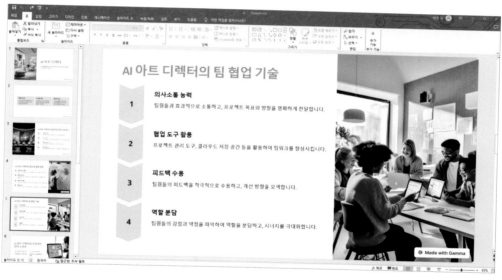

18. 프레젠테이션으로 다운로드하여 수정도 가능하다.

[그림 2-20] Gamma AI 프레젠테이션으로 생성한 이미지

QR check!

[QR 2-4] Gamma 실행 동영상

인공지능 시대에 AI 아트디렉터는 미디어 기획자, 디자이너, 디지털 마케터, 커뮤니케이션 전문가, 콘텐츠 크리에이터, 소셜미디어 관리자 등 다양한 업무도 함께하게 될 것이다. 웹사이트 빌더 Softr, 데이터베이스 Airtable, 구글애널리틱스 등 데이터 서비스까지 활용하는 것은 물론, AI 인터랙티브 아트, AI 아티스트까지 다양한 AI 기술을 활용하여 예술 작품을 제작하고, 창의적인 프로젝트를 이끄는 다재다능한 크리에이터로 떠오를 것이다.

2

생성형 AI로
이야기 창작하기

3장
AI 웹툰 만들기
with 스테이블 디퓨전
(Stable Diffusion)

4장
AI 동화책 만들기
with 미드저니
(Midjourney)

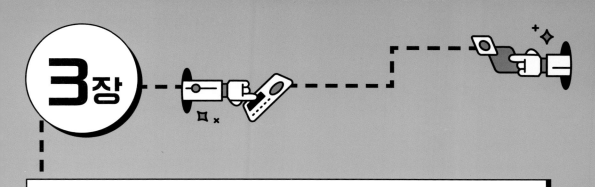

AI 웹툰 만들기
with 스테이블 디퓨전(Stable Diffusion)

1. 이미지 생성형 AI 소개

최근 몇 년간 딥러닝 기술의 발전은 그림을 그리는 생성형 AI를 혁신적으로 발전시켰다. 이러한 AI 도구들은 다양한 스타일과 형식의 이미지를 자동으로 생성하거나 변형할 수 있어 예술, 디자인, 광고 등 여러 분야에서 폭넓게 활용되고 있다. 특히 웹툰 제작에 있어 생성형 AI의 도입은 창작 과정을 간소화하고, 창의적인 아이디어를 시각적으로 구현하는 데 큰 도움이 된다.

대표적인 이미지 생성형 AI 도구로는 달리(DALL-E), 미드저니(Midjourney), 스테이블 디퓨전(Stable Diffusion) 등이 있지만 최근에는 유료 서비스로 전환한 경우가 많다. 다음과 같이 회원 가입만으로 무료로 사용하는 서비스를 체험용으로 사용해 보자.

이름	주소	특징
크레아 AI (KREA AI)	https://krea.ai	• 직접 그린 형태 반영 이미지 생성 • 왼쪽 창에 선과 도형을 그리고 움직이며 결과물을 원하는 형태에 가깝게 구현 • 사진을 활용한 AI 이미지 생성
레오나르도 AI (Leonardo AI)	https://app.leonardo.ai	• 사용자에게 친숙한 인터페이스 • 이미지에서 이미지 생성하기 기능 • 부정 프롬프트 사용 가능 • 투명도 설정이 있음
캔바 AI (Canva AI)	https://www.canva.com/ko_kr/ai-image-generator	• Canva는 호주의 그래픽 디자인 툴로, 최근 AI 이미지 생성 기능을 도입 • AI 그림 생성 이전에 사진, 수채화, 애니메이션 등 화풍을 다양하게 선택 • 프롬프트를 입력하면 동영상을 그려 주는 기능도 존재
이디오그램 (Ideogram)	https://ideogram.ai	• 생성 이전에 적용할 수 있는 다양한 필터 • 텍스트를 출력할 수 있음
빙 이미지 크리에이터 (Bing Image Creator)	https://www.bing.com/images/create?FORM=GDPGLP	• 프롬프트 이해 능력이 뛰어남 • 영어, 한국어, 한국어와 영어를 섞은 프롬프트 모두 입력 가능

이 장에서는 스테이블 디퓨전의 설치와 설정, 기본 사용법을 배우고, 웹툰 제작 과정에 필요한 기술과 팁을 단계별로 안내할 것이다. 스테이블 디퓨전은 자신의 컴퓨터에 설치해 무료로 고품질의 이미지를 생성할 수 있고, 내가 생성한 이미지가 공개되지 않는다는 장점을 가지고 있어, 창의적인 아이디어를 구현하는 데 강력한 도구로 다양한 분야에서 사용되고 있다.

2. 스테이블 디퓨전 온라인 버전

스테이블 디퓨전을 간단하게 사용해 볼 수 있는 온라인 버전이 있다.

① 스테이블 디퓨전 온라인(Stable Diffusion Online) 검색 → ② 로그인 클릭 → ③ 구글 계정 등으로 회원 가입 → ④ 언어 한국어로 변환 → ⑤ 프롬프트 입력(생성해 보기)

- https://stablediffusionweb.com/ko

1. 검색창에 '스테이블 디퓨전 온라인' 입력 후 첫 번째 검색 결과를 클릭한다.

2. 화면 오른쪽 위에 로그인을 클릭한다.

3. 구글 계정이나 이메일로 가입하면 10크레딧이 생긴다.

4. 언어를 한국어로 설정할 수 있다.

5. 프롬프트 창에 원하는 이미지를 텍스트로 넣고 그리기 버튼을 클릭한다.

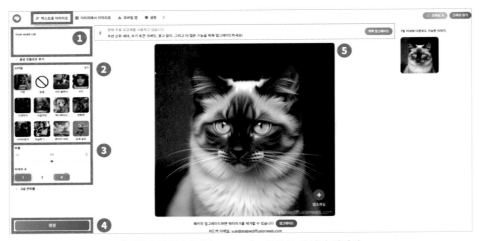

[그림 3-1] 텍스트 'blue-eyed cat'으로 생성된 이미지

1. 텍스트를 이미지로 바꿔 주는 메뉴에서 영어로 생성하고 싶은 이미지의 프롬프트를 넣는다.
2. 스타일: 이미지의 스타일을 설정한다.
3. 이미지의 비율과 한 번에 생성되는 이미지의 개수를 선택한다.
4. 생성 버튼을 클릭한다.
5. 생성된 이미지를 클릭하면 다운받거나 링크를 복사할 수 있다.

[그림 3-2] 이미지를 업로드하여 판타지 화풍으로 생성된 이미지

1. 이미지에서 이미지로 탭을 클릭한다.
2. 참조할 이미지를 업로드하고 간단한 텍스트를 추가할 수 있다.
3. 화풍, 이미지 비율, 이미지 수를 설정하고 생성을 클릭한다.
4. 이미지를 다운받는다.

3. 스테이블 디퓨전 설치하기

3-1) 스테빌리티 매트릭스 설치하기

스테이블 디퓨전은 여러 가지 버전과 설치 방법이 있지만 지금까지 나온 방법 중 스테빌리티 매트릭스(Stability Matrix)가 가장 쉽게 다양한 패키지를 설치할 수 있어 소개하고자 한다. AUTOMATIC 1111, Comfy UI, SD.Next, VoltaML, InvokeAI, Fooocus, Fooocus MRE 등 인기 있는 패키지를 포함한 다양한 스테이블 디퓨전 웹 UI 패키지를 설치 및 업데이트할 수 있다.

① 스테빌리티 매트릭스(Stability Matrix) 검색 → ② 설치 최소 사양 확인 → ③ DownLoad 버튼 클릭 → ④ 압축파일 풀기 → ⑤ 설치하기 → ⑥ 동의에 체크 후 계속하기 → ⑦ Pottable Mode 체크 후 계속하기 → ⑧ AUTOMATIC 1111을 선택 → ⑨ DreamShaper 체크하고 다운로드

- https://lykos.ai/

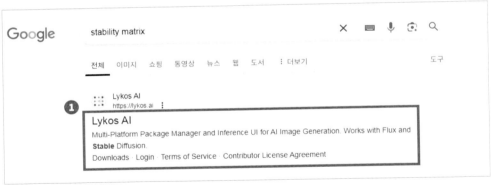

1. 검색창에 스테빌리티 매트릭스를 검색한 후 Lykos AI를 클릭한다.

2. 스테빌리티 매트릭스 화면이 나타나면 아래로 스크롤을 내려 본다.

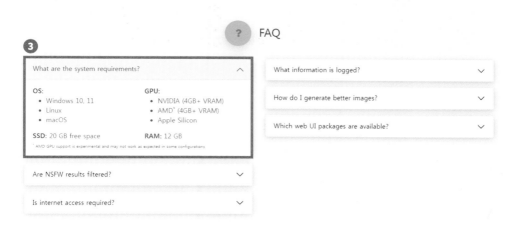

3. 자주하는 질문의 설치 요구 사항을 확인한다. 최소 사양은 저장 공간 20GB 이상, RAM 12GB 이상, NVIDIA or AMD 4GB 이상이 요구된다.

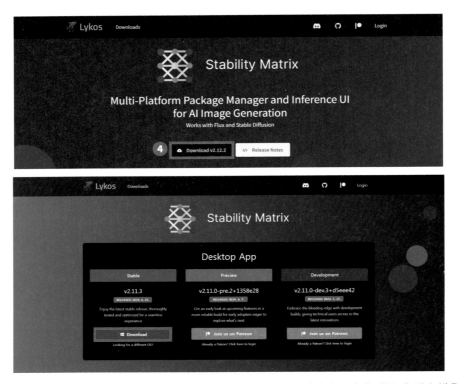

4. 다운로드 버튼을 눌러 설치 파일을 다운로드한다. 계속 업데이트되기 때문에 접속했을 때 버전이 다를 수 있다.

5. 다운로드한 파일의 압축을 푼다. 압축을 푼 파일을 설치하고 싶은 경로로 이동해 준다.

6. 설치 파일을 더블클릭해 설치한다. 위 예시의 경우 내 PC → 다운로드 → StabilityMatrix-win-x64 폴더가 생기고 프로그램이 설치된다. PC 보호 경고창이 뜰 경우 추가 정보를 누르면 실행 버튼이 생긴다.

7. 동의에 체크하고 계속하기(Continue) 버튼을 클릭한다.

8. Pottable Mode를 체크하고 계속하기(Continue) 버튼을 클릭한다. Pottable Mode를 체크하면 폴더째로 다른 위치로 이동할 수 있어 편리하다.

9. 여러 가지 설치 패키지 중에 Stable Diffusion WebUI AUTOMATIC1111을 선택하여 설치한다. 원하는 다른 패키지를 선택해서 설치할 수 있으나 이 책에서는 기본적으로 사용하는 패키지를 다운로드한다.

1장

2장

3장

4장

5장

6장

7장

8장

10. 처음 사용할 모델을 선택하는 화면이 나오는데 가장 많은 다운로드 횟수를 가진 Dream Shaper를 체크하고 다운로드한다. 다른 모델을 검색하여 선택해도 된다. 처음 설치할 때는 모든 패키지를 다운로드해야 하므로 시간이 많이 소요된다.

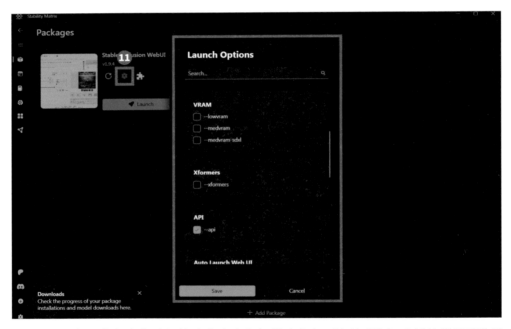

11. 설치가 끝나면 위와 같은 화면이 나타난다. 톱니바퀴 모양 설정을 눌러 본인 컴퓨터에 맞는 VRAM 옵션을 설정한다. Auto Launch Web UI를 체크하면 프로그램이 준비되면 웹브라우저가 자동으로 열린다. 저사양 컴퓨터라면 --lowvram, --no-half, --skip-torch-cuda-test 옵션에 체크하여 사용한다. 저장하고 Launch를 클릭해 프로그램을 실행한다.

12. 모든 준비가 완료되면 브라우저에 자동으로 프로그램이 열린다. 그렇지 않은 경우 Launch를 클릭해 실행시킨다. 처음 프로그램이 열리면 텍스트로 이미지를 생성하는 'txt2img' 탭이 활성화되어 있고, 화면 왼쪽 상단에 Stable Diffusion Checkpoint 부분이 빈칸으로 열리는데 삼각형 모양을 클릭하여 DreamShaper 체크포인트를 선택한다. 'Generate' 버튼을 눌러 랜덤 이미지를 생성해 본다.

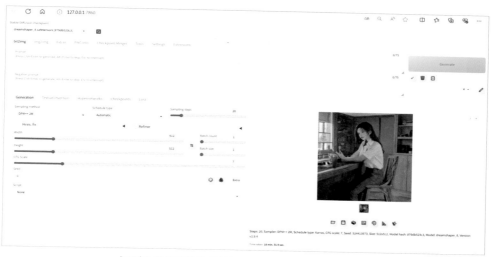

[그림 3-3] 프롬프트 없이 'Generate' 눌러 생성된 이미지

프롬프트 없이 생성했더니 이미지의 품질이 낮고, 특히 얼굴과 손 등이 많이 뭉개진 것을 볼 수 있다.

3-2) 프로그램 메뉴 설명

(1) 메인 메뉴

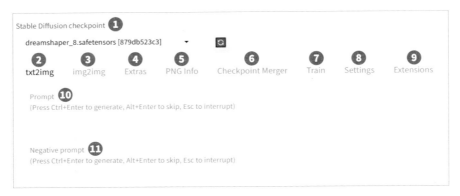

❶ Stable Diffusion Checkpoint: 생성할 이미지의 그림 스타일을 선택할 수 있음. 실사, 반실사, 애니메이션, 3D 등 다양한 모델이 있는데 스테이블 디퓨전에서는 별도의 과정 없이 시비타이(civitai.com)에서 바로 원하는 모델을 검색해 다운로드한 후 사용할 수 있음.

❷ txt2img: 텍스트를 기반으로 이미지를 생성함.

❸ img2img: 이미지를 기반으로 이미지를 생성함.

❹ Extras: 사이즈를 키우거나 줄임.

❺ PNG Info: 생성된 이미지는 기본적으로 png 파일 형태로 저장되는데, 이 탭에서 불러오면 이미지의 정보를 볼 수 있음.

❻ Checkpoint Merger: 모델 혼합

❼ Train Embedding, hypernetwors 등: 모델을 훈련시킴.

❽ Settings: 다양한 기능 설정

❾ Extensions: 확장 프로그램 설치

❿ Prompt: 생성하고자 하는 이미지의 텍스트 프롬프트를 작성함.

⓫ Negative prompt: 생성될 이미지에서 제외시키고 싶은 키워드를 입력함.

(2) 커스터마이징 메뉴

❶ Sampling method: 샘플링 방법을 선택, 세부 그림 스타일 설정. 기본값이 'Euler a'이고 인물이나 실사에는 'DPM++2M Karras', 'DPM++SDE Karras'를 사용

❷ Schedule type: 샘플링 프로세스에서 샘플링 노이즈를 시간에 따라 어떤 방식으로 줄여 나갈지 결정하는 옵션

❸ Samplings steps: 몇 단계로 이미지를 생성할지 결정함. 150단계까지 가능하지만 20~30 사이를 사용하는 것을 추천

❹ Hires. fix: 고해상도 이미지

① Upscaler: 어떤 방법으로 업스케일 할지 결정함. 주로 R-ESRGAN은 실사에 R-ESRGAN 4x+ Anime6B는 애니메이션 스타일에 사용

② Upscale by: 업스케일을 몇 배 확대할지 설정. 보통 2로 하며 이미지 생성 시간이 증가함.

69

③ Hires steps: 고해상도 이미지 스텝 수. 0일 경우 샘플링 스텝과 동일함.

④ Denoising strength: 값이 높을수록 자유도가 높고, 낮을수록 자유도가 낮아 이미지가 기존 이미지와 비슷함.

❺ Refiner: 기본적으로 SDXL 모델에서 사용하기 위해 개발됨. 두 모델을 섞어 이미지를 생성할 수 있음.

① Checkpoint: 믹스할 체크포인트를 선택

② Switch at: 두 가지 체크포인트를 얼마나 믹스할지 결정

❻ Width Height: 생성 이미지의 가로세로 크기

❼ Batch count: 반복 생성하는 횟수

❽ Batch size: 한번에 생성하는 이미지의 개수. Batch count와 Batch size를 곱한 만큼의 이미지가 생성됨.

❾ CFG Scale: 프롬프트에 얼마나 충실하게 나올지 설정. 높을수록 프롬프트가 많이 반영된 이미지가 생성

❿ Seed: 이미지의 고유번호와 같은데 다양한 결과물이 생성되게 하는 값. 기본값 –1은 랜덤 이미지 생성을 의미하고 같은 시드값은 같은 이미지를 생성

⬡ -1   ♻ 방금 생성한 이미지의 시드값 재활용

⓫ Extra: 시드에 대한 세부 설정

⓬ Script: 여러 조건하에 이미지의 차이점을 비교할 수 있음.

- Prompt matrix: 특정 프롬프트가 있을 때 없을 때 등을 구분해서 이미지를 여러 개 생성

- Prompt from file or textbox: 프롬프트 파일을 가져와서 그 텍스트로 하고 싶은 것을 수행

- X.Y.Z Plot: X축 Y축 Z축으로 두고 여러 가지 옵션을 넣어서 다양한 변수에 따라 이미지를 생성

(3) 생성 메뉴

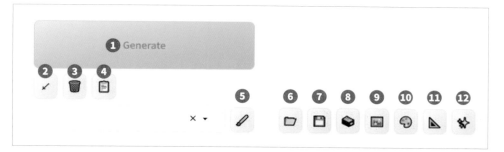

❶ Generate: 이미지 생성 버튼

❷ 마지막에 사용한 프롬프트를 다시 볼 때 사용

❸ 프롬프트 지우기

❹ 스타일 목록에서 선택된 스타일을 프롬프트에 적용

❺ 자주 사용하는 키워드 스타일을 저장해 두고 사용

❻ 생성된 이미지가 저장된 폴더를 열어 줌.

❼ 저장하기 기능. 기본적으로 Outputs 폴더에 생성된 이미지가 저장됨.

❽ 압축하여 저장하기

❾ 생성된 이미지를 img2img 탭에서 사용하도록 보냄.

❿ 생성된 이미지를 Inpaint 탭에서 사용하도록 보냄.

⓫ 생성된 이미지를 Extras 탭에서 사용하도록 보냄.

⓬ 생성된 이미지를 Hires. fix(고해상도 보정)으로 업스케일함.

1장

2장

3장

4장

5장

6장

7장

8장

3-3) 컴퓨터에 GPU가 없는 경우 ComfyUI 설치

컴퓨터에 GPU가 없는 경우에는 CPU만 가지고 프로그램을 실행할 수 있는 옵션이
있는 ComfyUI를 설치해서 사용하는 방법이 있다.

1. 화면 아래에 +Add Packages를 클릭한다.

2. ComfyUI를 선택하고 다운로드한다.

3. Install을 클릭해 설치한다.

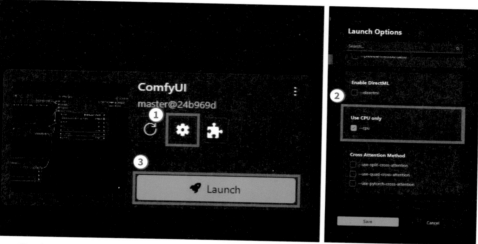

4. ① 설정 버튼을 클릭해 ② Launch Options에서 Use CPU only를 체크하여 CPU를 사용해 이미지 만들기를 할 수 있도록 설정한 후 ③ Launch를 눌러 프로그램을 활성화한다.

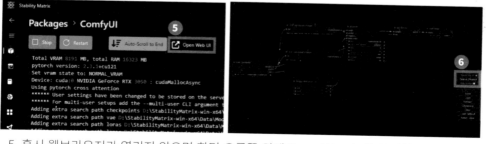

5. 혹시 웹브라우저가 열리지 않으면 화면 오른쪽 위에 Open Wep UI를 클릭한다.

6. Queue Prompt 버튼을 클릭해 기본 예시로 들어 있는 prompt를 실행해 본다.

1장
2장
3장
4장
5장
6장
7장
8장

[그림 3-4] ComfyUI 기본 예시 프롬프트로 생성한 이미지

7. 이 화면이 어렵게 느껴진다면 스테빌리티 매트릭스에 왼쪽 메뉴 중 Inference 탭에 들어가 Prompt를 입력하고 실행해 본다. 이 탭은 ComfyUI를 실행해야 사용할 수 있고, 사용 메뉴는 Stable Diffusion WebUI와 같다.

8. Output Browser에서 그동안 생성했던 이미지를 볼 수 있다.

4. 스테이블 디퓨전 상세 설정하기

4-1) 한글 패치

프로그램 자체를 한글화하고 싶다면 다음과 같은 순서로 클릭해 준다.

① Extensions → ② Available → ③ Load From → ④ localization 체크 해제 → ⑤ 검색 창에 ko 입력 → ⑥ ko_KR Localization install → ⑦ Installed에서 다운된 것을 확인 → ⑧ Apply and quit

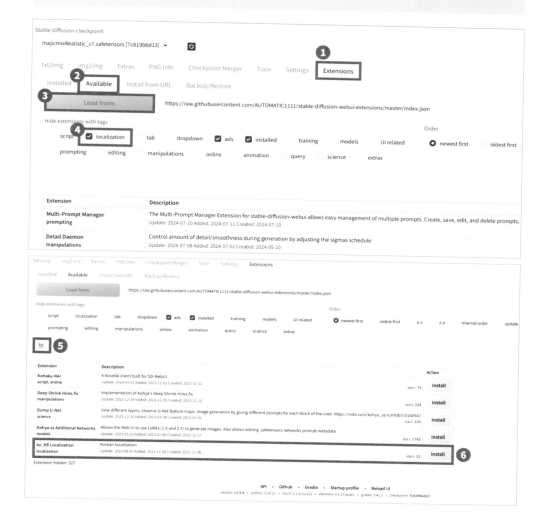

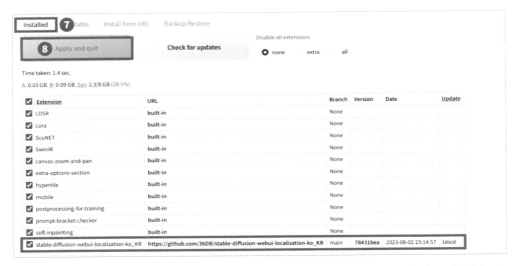

스테빌리티 매트릭스에서 다시 Launch를 클릭 후 새롭게 뜬 UI에 다음과 같은 순서로 재시작하면 한글로 바뀐 것을 볼 수 있다.

① Settings→ ② User Interface → ③ 새로 고침 → ④ Localization에 ko_KR 클릭 → ⑤ Apply settings 클릭 → ⑥ Reload UI 클릭

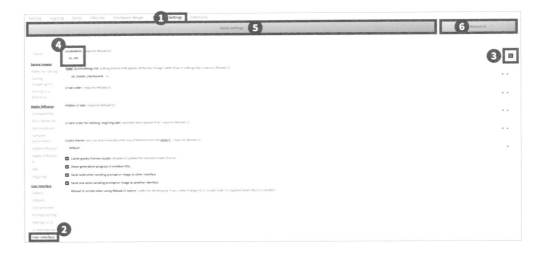

[그림 3-5] 한글로 바뀐 화면

4-2) 체크포인트(Checkpoint)

체크포인트는 화풍을 결정하는 중요한 요소로서 어떤 분위기의 그림을 그릴지에 따라 적당한 모델을 사용한다. 그림을 그리는 화가를 정하는 것과 같은데, 고흐풍 그림을 그릴지 피카소풍 그림을 그릴지를 정한다고 생각하면 된다.

스테빌리티 매트릭스에서는 CivitAI와 Hugging Face에서 간편하게 모델을 다운로드하여 별도의 설치 과정 없이 사용할 수 있다.

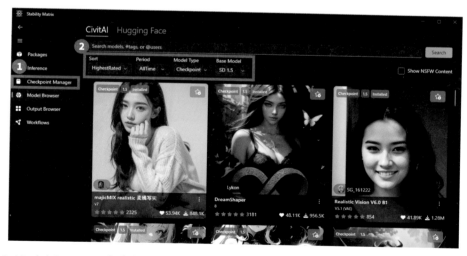

1. Model Browser 탭에서 원하는 화풍, 분위기의 체크 포인트 모델을 다운로드한다.

2. 연간 또는 주간 가장 인기 있었던 모델을 검색하거나 realistic, animation, 2D, 3D, photo graph, korea, oriental 등의 검색어를 사용해 보자. 원하는 모델을 찾았으면 클릭한 후 여러

가지 예시 이미지를 보거나 버전을 확인하고 Import 한다.

3. Model Description에서 제작자 설명을 보고 프롬프트를 참고하면 이미지의 적절한 프롬프트를 익히는 데 도움이 된다.

4. Checkpoint Manager 탭에서 다운로드한 모델을 확인한다.

5. 프로그램을 새로 고침한 후 다운로드한 체크포인트를 확인하고 원하는 모델로 변경하여 사용한다.

긍정 프롬프트	high quality, 8k, uhd, sunshine, window, cozy, cat, garden, languid afternoon, detail face
부정 프롬프트	low quality, worst quality, nsfw, bad anatomy

[그림 3-6] dreamshaper_8   [그림 3-7] counterfeitV30_v30   [그림 3-8] realisticVisionV60B1
_v51VAE

6. 다양한 체크포인트에서 같은 프롬프트로 이미지를 생성해 본다.

4-3) 로라(LoRA: Low-Rank Adaptation)

로라는 피사체 위주로 캐릭터의 포즈나 옷 스타일 몸의 형태 등을 가지고 있는 데이터로, 체크포인트보다 용량이 적다.

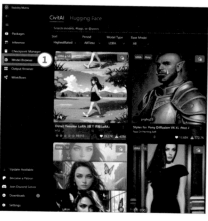 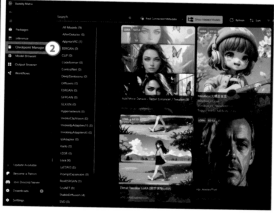

1. ① Model Browser 탭에서 내려받고, ② Checkpoint Manager 탭에서 확인해 본다.

1장

2장

3장

4장

5장

6장

7장

8장

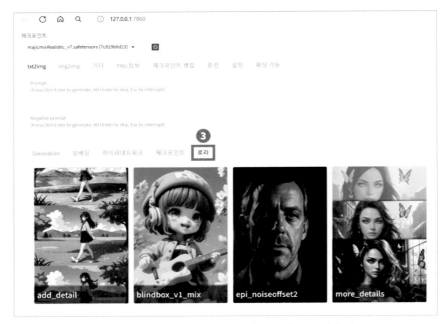

3. 모델과 프롬프트 시드값을 고정하고 적용하고 싶은 로라를 클릭한다.

4. 프롬프트 끝부분에 <lora:blindbox_v1_mix:1> 부분이 생긴 것을 볼 수 있다.

[그림 3-9] blindbox_v1_mix   [그림 3-10] 3Dcharacter   [그림 3-11] more_details

5. 체크포인트 dreamshaper_8을 사용하고 같은 프롬프트에서 각기 다른 Lora를 적용해 보
며 캐릭터가 어떻게 달라지는지 확인한다.

4-4) VAE(Variational Autoencoder)

이미지의 색을 변경하고 보정해 주는 기능이다. 생성된 이미지의 품질이 좋지 않을 때 보정하기 위해 사용하는데, 대부분의 체크포인트에 이미 포함되어 있어서 결과에 만족하면 사용하지 않아도 된다. 대중적으로 'vae-ft-mse-840000-ema-pruned'가 많이 사용된다. 메뉴에 추가하는 방법은 아래와 같다.

① 설정 → ② 인터페이스 → ③ VAE 메뉴 추가 → ④ 설정 적용 → ⑤ UI 새로 고침

VAE를 다운로드하는 방법은 다음과 같다.

① "Hugging Face.co"에 접속 → ② sd-vae-ft-mse-original로 검색 → ③ Files and versions 클릭 → ④ vae-ft-mse-840000-ema-pruned.ckpt 파일을 다운로드

1장

2장

3장

4장

5장

6장

7장

8장

다운로드한 파일은 Automatic일 경우 체크포인트에 포함된 VAE가 적용된다.

① 설치 폴더 → ② stabilityMatrix-win-x64 → ③ Data → ④ Models → ⑤ VAE 폴더에 붙여 넣는다 → ⑥ 프로그램을 새로고침한 후 VAE를 적용한다.

4-5) 컨트롤넷(ControlNet)

컨트롤넷은 스테이블 디퓨전 모델의 성능을 향상시키는 확장 기능이다. 사용자가 이미지 생성 과정을 세밀하게 제어할 수 있게 하고 스케치, 레이아웃 등 다양한 입력 형식을 지원한다. 맞춤형 데이터 세트로 모델을 훈련시켜 특정 도메인에 맞는 이미지를 생성할 수 있다. 이 장에서는 캐릭터의 자세를 만들어 주는 기능 위주로 사용해 보려고 한다.

① 확장 기능 → ② 설치 가능한 확장 기능 → ③ 여기서 불러오기 → ④ 검색창에 sd-webui-controlnet 입력 → ⑤ 설치→ ⑥ 설치됨에서 설치되었는지 확인한다.

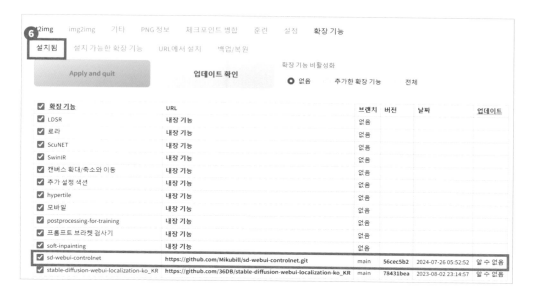

재시작하고 메뉴에 컨트롤넷 메뉴가 생성되었는지 확인한다.

(1) 컨트롤넷 모델 다운로드하기

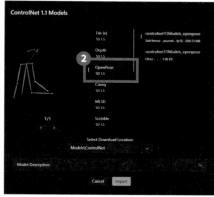

1. Model Browser에서 Model Type을 Controlnet으로 바꾼 후 제일 앞에 나온 ControlNet 1.1 Models를 클릭한다.

2. OpenPose 모델을 Import 한다. Openpose는 입력된 이미지로부터 자세를 감지하여 손, 발, 머리 등 인체의 자세를 추출하는 키포인트 감지 모델로 캐릭터를 원하는 자세로 만들어 준다.

3. 설치가 완료되면 AUTOMATIC1111 WebUI를 다시 시작한다. 설치하였을 경우, 위와 같이 Seed 입력란 아래에 ControlNet 부분이 생긴 것을 볼 수 있다. 맨 오른쪽에 있는 삼각형을 누르면 메뉴가 확장된다.

① 활성화: 컨트롤넷을 활성화시킴. 사용 시 체크

② 낮은 VRAM: VRAM이 8기가 이하일 때 체크

③ 픽셀퍼펙트: 원본 이미지의 세부 사항을 더 정확하게 반영

④ 미리보기 허용: 사진을 올리는 부분 오른쪽에 현재 선택한 전처리기의 결과를 미리 볼 수 있음. 사전 처리기 옆의 스파크 모양을 클릭하면 볼 수 있음.

⑤ 제어 방식: 어떤 Controlnet을 사용할지 선택함. Canny, Depth, IP-A, Inpaint, IP2P, Lineart, MLSD, NormalMap, OpenPose, Reference, Scribble, Segmentation, Shuffle, SoftEdge, T2IA, Tile 등이 있으며, 제어 방식을 선택하면 전처리기와 모델이 자동 선택됨.

⑥ 제어 가중치: 컨트롤넷으로 추출한 데이터를 생성할 이미지에 얼마나 반영하고 어느 단계에서 시작해서 어느 단계까지 반영할지 결정

⑦ 제어 모드:

- 균형: 기본값. 컨트롤넷을 샘플링 단계에서 조건 부여가 있는 경우와 없는 경우 모두에 적용하는 방식

- 내 프롬프트 선호: 프롬프트가 컨트롤넷보다 더 많이 영향을 미치도록 하는 설정

- 컨트롤넷 선호: 프롬프트보다 컨트롤넷에 더 많은 영향을 받음.

⑧ 크기 조정 모드:

- 크기 조정만: 입력된 이미지를 생성할 이미지의 크기에 맞춤. 가로세로 비율을 고려하지 않으므로 이미지가 찌그러질 수 있음.

- 잘라낸 후 크기 조정: 새로운 이미지의 공간에 원본 이미지를 맞추어 맞지 않는 부분은 잘려 나가게 됨.

- 크기 조정 후 채우기: 원본 이미지를 새로운 이미지의 공간에 맞추는데, 모자란 영역은 원본 이미지의 평균적인 색으로 채워 넣음.

1장

2장

3장

4장

5장

6장

7장

8장

(2) 컨트롤넷 오픈 포즈 사용하기

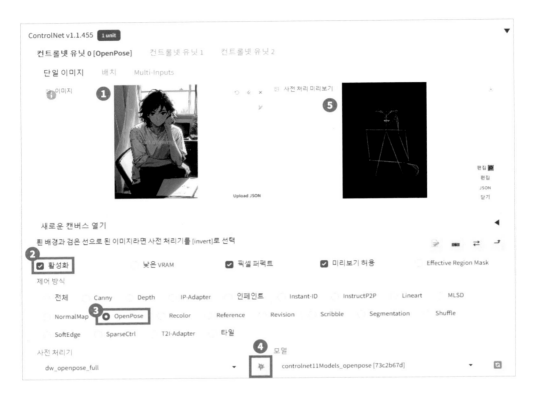

1. 만들고자 하는 자세의 이미지를 불러온다. 내려 받은 사진이나 그림도 가능하며 업로드 하거나 드래그해서 불러온다.

2. 활성화, 픽셀 퍼펙트, 미리보기 허용에 체크한다.

3. openpose를 클릭한다.

4. 사전 처리기 ✳ 모양을 클릭한다.

5. 사전 처리 미리보기 부분에 포즈가 나타난다. 만약 사전 처리기 미리보기에 아무 반응이 없다면 사전 처리기를 dw-openpose_full로 변경해 준다. 원하는 이미지의 프롬프트를 입력한 후 생성을 누르면 자세를 잡은 이미지가 완성된다.

[그림 3-12] 컨트롤넷 오픈 포즈 사용 결과

1장
2장
3장
4장
5장
6장
7장
8장

5. 이미지 생성을 위한 프롬프트 작성하기

좋은 프롬프트는 AI 이미지 생성에서 매우 중요하다. 명확한 의도를 전달하여 AI 가 원하는 이미지를 정확히 이해하게 하며, 세부 묘사를 통해 풍부하고 디테일한 결과물을 생성할 수 있도록 돕는다. 여러 단어의 조합으로 뜻하지 않게 독특한 이미지를 생성하여 독창적인 아이디어를 이끌어 내기도 한다. 프롬프트를 조정하고 실험하면서 최적의 이미지를 찾는 과정을 통해 결과물의 품질을 높이고 AI와 상호 작용하며 효과적인 작업을 하는 연습을 해 보자.

5-1) 기본 작성 방법

(1) 영문 입력

스테이블 디퓨전은 영문으로 입력해야 의미가 정확히 전달되고 원하는 이미지를 얻을 수 있다. 긴 문장형도 가능하지만 단어 형식으로 입력하는 것이 좋다.

(2) 괄호 사용으로 특정 단어 강조하기

앞에 쓰는 단어가 더 중요하게 반영되니 강조하고 싶은 단어를 앞에 사용한다. 강조하고 싶은 단어에 괄호를 사용한다. 소괄호 '( )'는 특정 단어를 강조하고 싶을 때 사용하는데 여러 개를 겹쳐서 사용하면 강조 효과가 커진다. 반대로 대괄호 '[ ]' 안에 넣은 단어는 중요도가 떨어진게 된다.

(3) 특정 단어에 가중치 주기

이미지 생성 시 특정 단어를 강조하는 괄호 안에 숫자를 넣어 가중치 비중을 조절할 수 있다. 예를 들면, '(happiness:1.5)'라는 프롬프팅은 'happiness'라는 단어를 150% 강조하는 효과가 있다. 반대로 '[happiness:0.5]'는 50%로 감소시키는 효과를 낸다.

(4) 화질에 대한 기본 프롬프트 넣고 사용하기

긍정: 고화질(high quality), 8k, 걸작(masterpiece), uhd, hdr 등 화질을 높이는 단어를 넣어 준다.

부정: 저화질(low quality), 낮은 품질(worst quality), nsfw(Not Safe For Work의 약자로 성인용은 원하지 않는다는 의미), 특히 사람 이미지를 생성할 때는 사지가 더 많이 생성되거나 적게 생성되기도 해서 bad anatomy, bad eyes, bad hands, extra limbs, missing limbs, bad feet, ugly, beard, multiple heads, deformed, bad proportions, watermark 등의 단어를 넣어 균형 잡힌 신체 모양을 얻도록 한다.

(5) 스타일 편집기에 프롬프트 저장해 두고 사용하기

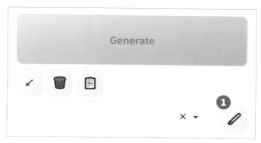

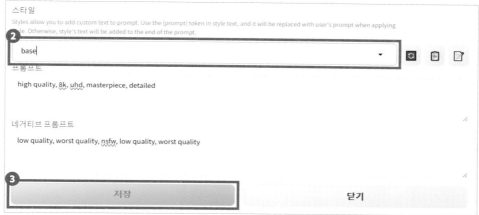

1. 스타일 편집기를 클릭한다.

2. 스타일의 이름을 붙여 준다.

3. 사진이나 사람을 생성할 때, 애니메이션을 생성할 때, 사물을 생성하거나 배경을 생성할 때 등 해당 스타일에서 기본으로 사용하는 프롬프트를 입력하고 저장한다.

1장

2장

3장

4장

5장

6장

7장

8장

5-2) 디테일 추가하기

화풍 (Art Styles)

인상파(Impressionism): 부드러운 브러시 터치와 생동감 있는 색상으로, 순간의 느낌을 포착

추상화(Abstract): 형태가 왜곡되거나 단순화되어 감정이나 개념을 표현

고전파(Classical): 정교한 디테일과 조화로운 구도로 고풍스러운 느낌을 줌.

현대 미술(Contemporary): 현대적이고 실험적인 요소가 강조되어, 관객의 생각을 자극

팝 아트(Pop Art): 간결한 형태와 생동감 있는 색상으로 대중적인 매력을 강조

고딕(Gothic): 신비롭고 드라마틱한 분위기를 연출하며, 감정적인 깊이를 더함.

점화(Dot Art): 색상의 변화와 점의 밀도로 다양한 명암과 질감을 표현

선화(Line Art): 형태의 윤곽을 강조하며, 간단하면서도 세련된 느낌

그래픽(Graphic): 현대적이고 상업적인 느낌을 주며 강렬한 비주얼로 시선을 끔.

디지털 아트(Digital Art): 혁신적이고 실험적인 느낌을 줌.

스트리트 아트(Street Art): 공공장소에 설치된 예술로, 주로 그래피티와 같은 형태로 존재

재료 (Materials)

유화(Oil Painting): 풍부한 색상과 질감이 강조되어 깊이 있는 이미지를 생성

수채화(Watercolor): 자연스럽고 부드러운 느낌을 주며, 색상이 서로 섞이는 효과

아크릴(Acrylic): 선명하고 다채로운 색상이 특징이며, 다양한 표현 방법이 가능

펜 드로잉(Pen Drawing): 뚜렷한 선과 디테일이 강조

연필 스케치(Pencil Sketch): 상세한 디테일과 복잡한 세부 사항 묘사

스티커(Sticker): 작은 이미지나 패턴을 심플하게 표현

페이퍼 아트(paper art): 평면의 종이를 켜켜이 쌓아 입체적 효과 질감 표현

색상 (Colors)

따뜻한 색상(Warm Colors): 친근하고 따뜻한 느낌

차가운 색상(Cool Colors): 차분하고 안정된 느낌을 주며 신선함을 표현

모노크롬(Monochrome): 단색, 강렬한 대비와 깊이를 제공

파스텔 색상(Pastel Colors): 부드럽고 사랑스러운 느낌을 주며 따뜻한 감정을 유도

대비 색상(Contrasting Colors): 시각적으로 강렬하게 느껴지며 주목성을 높임.

컬러풀(Colorful): 다양한 색상이 조화를 이루며 활기차고 역동적인 느낌

네온(Neon): 강렬하고 밝아 현대적이고 트렌디한 느낌

배경 (Backgrounds)

단색 배경(Solid Background): 주제를 강조하고 시선이 집중
자연 배경(Natural Background): 생동감과 자연스러움을 제공하여 친근한 느낌
추상 배경(Abstract Background): 복잡하고 실험적인 느낌을 주어 관객의 호기심을 자극
도시 배경(Urban Background): 현대적이고 세련된 느낌을 주며 도시 생활의 활기를 전달
계절 배경(Seasonal Background): 특정 계절의 분위기를 강조

분위기 (Atmospheres)

몽환적인 분위기(Dreamy Atmosphere): 신비롭고 환상적인 느낌을 주어 관객의 상상력을 자극
우울한 분위기(Melancholic Atmosphere): 슬픔과 고독감을 전달하여 감정적으로 깊은 반응을 유도
활기찬 분위기(Vibrant Atmosphere): 에너지와 긍정적인 감정을 전달하여 즐거움을 줌.
차분한 분위기(Calm Atmosphere): 안정감과 평온함을 주어 관객을 편안하게 함.
긴장감 있는 분위기(Tense Atmosphere): 위기감과 불안을 전달하여 긴장감을 유발

감정 (Emotions)

행복(Happy): 따뜻하고 긍정적인 감정을 불러일으킴.
슬픔(Sad): 깊은 슬픔과 연민을 자아내어 감정적으로 연결됨.
사랑(Love): 애정과 따뜻함을 전달하여 로맨틱한 느낌을 줌.
분노(Angry): 강한 감정을 전달하여 긴장감을 조성
기쁨(Joy): 기쁨과 축제의 느낌을 강조하여 긍정적인 에너지를 전파
놀람(Surprise): 예상치 못한 사건이나 상황에 대한 즉각적인 긴장감과 흥분
공포(Fear): 심리적인 불안과 위협 분위기 연출

조명에 따른 프롬프트 예시

자연광(Natural Light): 따뜻하고 자연스러운 느낌을 주며 부드러운 그림자를 만들어 냄.
역광(Backlight): 신비롭고 극적인 효과를 주며, 형태가 강조
인공 조명(Artificial Light): 아늑하고 편안한 느낌을 제공하며 공간을 따뜻하게 만듦.
어두운 조명(Low Light): 긴장감과 신비로운 분위기를 조성하여 감정의 깊이를 더함.
강한 조명(Harsh Light): 강렬하고 극적인 느낌을 주며 세부 사항이 뚜렷하게 드러남.
부드러운 조명(Soft Light): 따뜻하고 포근한 느낌을 주어 관객을 편안하게 함.

색색의 조명(Colored Light): 네온사인 등이 화려하고 현대적인 느낌을 주며 시각적인 자극을 제공

실내 조명(Indoor Lighting): 친근하고 아늑한 분위기를 조성하여 소셜 환경을 강조함.

카메라 앵글 프롬프트 (Angle Prompts)

정면(Front View): 인물의 표정이나 감정을 직관적으로 전달할 수 있어 인물 초상화나 제품 광고에 자주 사용

측면(Side View): 인물의 프로필이나 동작을 보여줄 때 효과적

새의 눈(Bird's Eye View): 높은 곳에서 아래를 바라보는 각도로 전체 장면을 한눈에 볼 수 있음.

벌레의 눈(Worm's Eye View): 낮은 위치에서 위를 바라보는 각도로 주제를 웅장하게 보이게 함. 건물이나 높은 인물 등을 강조할 때 사용

대각선(Diagonal Angle): 대각선 방향에서 촬영한 이미지로 역동적이고 긴장감 있는 구성을 제공

부분 확대(Close-Up): 디테일을 강조하는 방식으로 인물의 눈, 손, 또는 특정 물체의 세부 사항에 집중할 수 있음.

원근법(Perspective View): 깊이감을 느낄 수 있도록 하는 방식. 공간감을 주며 장면의 입체감을 강조

역광(Backlighting): 주제가 빛을 등지고 있는 각도로 실루엣 효과를 강조. 신비롭고 드라마틱한 느낌을 주며 감정을 더욱 강조

사람 이미지 생성 프롬프트

초상화(portrait), 얼굴(face), 상체(upper body), 전신(full body), 옆모습(from side), 뒷모습(appearance from behind)

캐릭터가 보는 방향: 정면을 바라 봄(looking at viewer), 정면이 아닌 곳을 바라 봄(looking away, looking at another)

시점(캐릭터를 보는 방향): 앞(from front), 뒤(from behind), 옆(from side), 위(from above), 아래(from below)

TIP

스테이블 디퓨전을 사용하다 보면 예시나 다른 사용자들의 결과물이 인물에 치중되어 있는 것을 많이 볼 수 있다. 이는 인물 창작에 적당하게 학습된 체크포인트나 로라 등의 모델이 압도적으로 많기 때문인데 배경, 건축, 판타지, SF 등 다양한 이미지 생성에서도 좋은 결과를 얻을 수 있다.

5-3) 프롬프트 북 도움받기

openart.ai/promptbook에 들어가면 스테이블 디퓨전 사용을 위한 프롬프트 북을 볼 수 있다. 수정 팁, 사용하면 이미지 품질이 좋아지는 마법 같은 단어들, 중요한 팁, 예시 등 자세한 설명과 수치 조작에 따른 이미지 결과물의 차이를 볼 수 있고 PDF 파일로 다운로드할 수도 있다.

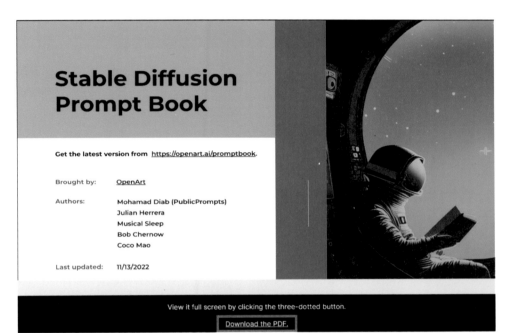

[그림 3-13] 스테이블 디퓨전 프롬프트 북

1장

2장

3장

4장

5장

6장

7장

8장

5-4) AIPRM을 활용한 프롬프트 생성

1. 크롬의 확장 프로그램에서 AIPRM for ChatGPT를 검색 후 설치한다.

2. 스테이블 디퓨전을 검색한 후 여러 가지 생성기 중 원하는 것을 선택해 프롬프트를 입력해 본다.

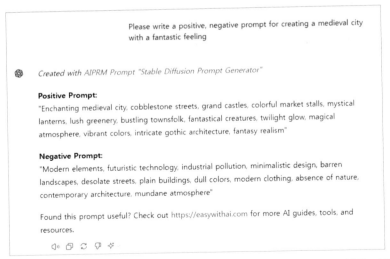

3. '환상적인 느낌의 중세 도시 생성을 위한 긍정, 부정 프롬프트 작성해 줘.'를 영문으로 바꾼 후 입력하면 적당한 프롬프팅을 알려 준다.

긍정 프롬프트	high quality, 8k, uhd, Enchanting medieval city, cobblestone streets, grand castles, colorful market stalls, mystical lanterns, lush greenery, bustling townsfolk, fantastical creatures, twilight glow, magical atmosphere, vibrant colors, intricate gothic architecture, fantasy realism
부정 프롬프트	low quality, worst quality, nsfw, Modern elements, futuristic technology, industrial pollution, minimalistic design, barren landscapes, desolate streets, plain buildings, dull colors, modern clothing, absence of nature, contemporary architecture, mundane atmosphere

[그림 3-14] dreamshaper_8   [그림 3-15] counterfeitV30_v30   [그림 3-16] v1-5-pruned-emaonly

4. 세 가지 체크포인트에서 같은 프롬프트를 사용했을 때 생성 결과물을 비교해 보자.

1장

2장

3장

4장

5장

6장

7장

8장

5-5) 다양한 사이트에서 참고하기

(1) 프롬프트 히어로(Prompt Hero)

프롬프트 히어로(Prompt Hero)는 다양한 유형의 AI 페인팅 프롬프트를 제공하며 유사한 유형의 AI 페인팅 사진, 세부 사항, 해상도 및 여러 사진 목록을 볼 수 있다.

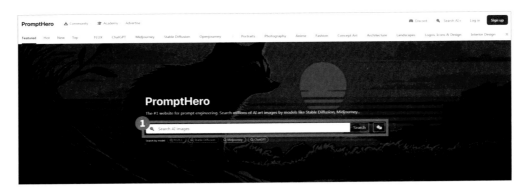

1. 프롬프트 히어로에 접속한 후 검색창에 원하는 이미지의 검색어를 입력한다.

2. 스테이블 디퓨전을 클릭하면 스테이블 디퓨전에서 생성된 이미지들이 나타난다.

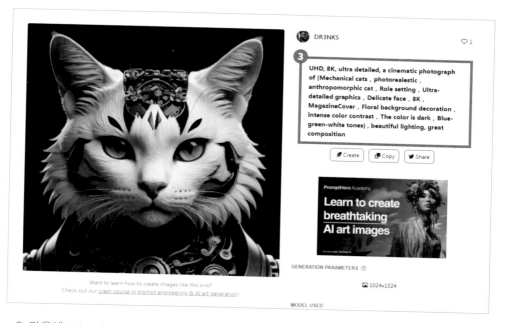

3. 마음에 드는 이미지를 클릭하면 사용된 프롬프트를 볼 수 있다.

(2) 렉시카(Lexica)

렉시카(Lexica)는 AI가 생성한 방대한 이미지 데이터베이스와 그에 따른 텍스트 프롬프트에 대한 액세스를 제공하는 서비스이다. 간단한 검색창과 한 페이지에서 수백 개의 이미지를 볼 수 있는 그리드 레이아웃 모드, 이미지 미리보기의 크기를 변경할 수 있는 슬라이더가 제공된다. 500만 개가 넘는 이미지와 텍스트 프롬프트를 복사하고 리믹스할 수 있다.

1. 렉시카(Lexica)에 접속해 원하는 검색어를 입력한다.

2. 마음에 드는 이미지를 클릭하여 사용된 프롬프트를 참고한다.

6. 뤼튼(wrtn)으로 이야기 만들기

뤼튼(wrtn)은 OpenAI의 GPT-3.5를 기반으로 한 인공지능 어시스턴트로, 광범위한 지식과 정보를 활용하여 다양한 주제에 대한 질문에 답변을 제공한다. 자연어 처리 및 이해 능력을 바탕으로 언어적으로 다양한 상황에 대응할 능력을 갖추고 있으며 번역, 정보 검색, 창의적인 글쓰기 지원, 일정 관리, 이미지 생성, 교육적인 목적으로 활용될 수 있는 다양한 기능을 제공한다. 개인정보 보호 및 안전을 위해 개인 식별 정보나 민감한 정보를 요청하지 않는 장점이 있다.

① 검색창에서 뤼튼을 입력하여 접속 → ② 로그인 버튼을 클릭한 후 → ③ 구글 계정 등을 이용해 가입한다.

- https://wrtn.ai

[그림 3-17] 뤼튼

6-1) 좋은 프롬프트 작성 방법

뤼튼을 사용할 때 좋은 프롬프트 작성을 위한 방법을 물어 보자. 좋은 답변을 얻기 위해서는 구체적이고 명확하며 맥락이 있는 질문을 다양하게 해 보는 것이 중요하다.

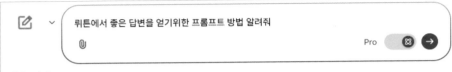

> 뤼튼에서 좋은 답변을 얻기위한 **프롬프트 방법** 알려줘
>
> Pro

답변

좋은 답변을 얻기 위한 **프롬프트 작성 방법**은 다음과 같습니다:

1. **구체적이고 명확하게 질문하기**: 질문의 내용을 구체적으로 설명하세요. 예를 들어, "기후 변화의 원인"보다는 "기후 변화의 주요 원인과 그 영향에 대해 설명해 주세요."라고 질문하는 것이 좋습니다.

2. **맥락 제공하기**: 질문의 배경이나 목적을 설명하면 더 나은 답변을 얻을 수 있습니다. 예를 들어, "대학교 과제로 기후 변화에 대해 연구 중입니다. 주요 원인과 해결책을 알고 싶습니다."라고 추가하면 도움이 됩니다.

3. **예시 포함하기**: 원하는 답변의 형식을 제시하는 것도 좋습니다. 예를 들어, "3가지 주요 원인을 나열해 주세요." 또는 "짧은 글 형식으로 설명해 주세요."라고 요청할 수 있습니다.

4. **어떤 정보를 원하는지 명시하기**: 정보의 유형을 명확히 하세요. "통계 데이터"나 "전문가의 의견" 등 원하는 정보의 종류를 지정하면 더 적합한 답변을 받을 수 있습니다.

5. **다양한 질문 시도하기**: 동일한 주제에 대해 여러 질문을 시도해 보세요. 다른 관점에서 질문하면 보다 폭넓은 정보를 얻을 수 있습니다.

[그림 3-18] 좋은 답변을 얻기 위한 프롬프트 방법 결과

6-2) 웹툰 스토리 만들기

웹툰을 만들기 위한 주제, 캐릭터 설정, 줄거리, 콘티 등을 질문하고 답변 중 마음에 드는 내용을 구체화시켜 웹툰의 스토리를 만들어 보자.

 인공지능이 고도로 발달한 미래 사회의 모습이 담긴 웹툰을 만들려고 하는데 어떤 주제가 좋을지 추천해 줘.

 1. 인간과 AI의 공존: 인공지능과 인간이 서로 협력하며 살아가는 사회를 그린 이야기로, AI가 인간의 일상에 어떻게 영향을 미치는지를 보여줄 수 있습니다. 예를 들어, AI가 인간의 감정을 이해하고 도와주는 역할을 하면서 발생하는 갈등과 화해를 다룰 수 있습니다.

2. AI의 자아 발견: 고도로 발달한 AI가 자신의 정체성과 존재의 의미를 찾아가는 과정을 그린 이야기입니다. AI가 인간의 감정을 배우고, 인간처럼 느끼기 시작하며 발생하는 윤리적 딜레마를 탐구할 수 있습니다.

3. 사회적 불평등과 AI: 인공지능이 사회의 모든 분야에 도입되면서 발생하는 불평등 문제를 다룰 수 있습니다. AI 기술의 발전이 일부 계층에게만 혜택을 주고, 나머지 사람들은 소외되는 상황을 그리며 사회 비판적인 메시지를 전달할 수 있습니다.

4. AI 범죄 수사: 인공지능이 범죄 예방 및 수사에 활용되는 미래 사회를 배경으로 한 이야기로, AI의 한계와 인간의 직관이 어떻게 조화를 이루는지를 다룰 수 있습니다. 주인공이 AI와 함께 범죄를 해결하면서 발생하는 갈등과 동료애를 그릴 수 있습니다.

5. 기억의 조작: AI가 인간의 기억을 조작할 수 있는 기술이 발전한 사회를 배경으로 한 이야기로, 주인공이 자신의 기억을 찾기 위해 AI와 싸우는 과정을 그릴 수 있습니다. 이 과정에서 진실과 거짓, 그리고 인간의 정체성에 대한 질문을 던질 수 있습니다.

 위 내용 중에 기억의 조작을 주제로 웹툰 줄거리를 만들어 줘.

 웹툰 줄거리: "기억의 파편"

배경:

2035년, 인공지능 기술이 극도로 발전한 미래 사회. 사람들은 자신의 기억을 AI에 저장하고, 필요할 때마다 쉽게 불러올 수 있는 시대에 살고 있다. 그러나 이러한 기술은 부작용을 낳고, 기억의 조작과 왜곡이 심각한 문제로 떠오른다.

주요 인물:
- 민재: 주인공으로, 기억 조작 기술에 대한 회의적인 시각을 가진 평범한 대학생. 가족의 기억을 잃고, 진실을 찾기 위해 고군분투한다.
- 하늘: 민재의 어린 시절 친구이자, 기억 조작 기술의 개발자. 그녀는 기술의 긍정적인 면을 믿지만 민재와의 갈등을 겪는다.
- 알렉스: 기억 조작 기술을 악용하는 범죄 조직의 리더. 그는 사람들의 기억을 조작하여 자신의 이익을 챙기려 한다.
- 노아: 민재의 멘토이자 기억 연구의 권위자. 민재에게 진실을 찾는 방법을 안내한다.

줄거리:

민재는 어느 날 자신의 가족이 기억을 잃고 이상한 행동을 하는 것을 목격하게 된다. 가족의 기억을 AI에 저장한 것이 원인이라는 사실을 알게 된 민재는 충격을 받고, 그들이 잃어버린 기억을 되찾기 위해 노력하기로 결심한다.

민재는 하늘과 재회하지만 그녀는 기억 조작 기술이 인류에 긍정적인 영향을 미친다고 주장하며, 민재와의 의견 차이로 갈등을 겪는다. 민재는 하늘의 도움을 받아 기억 조작 기술에 관한 진실을 파헤치기 시작하고, 이 과정에서 범죄 조직 알렉스의 존재를 알게 된다.

알렉스는 기억 조작 기술을 이용해 사람들의 기억을 조작하고, 그들을 자신의 세력으로 끌어들이는 음모를 꾸미고 있다. 민재는 그의 계획을 저지하기 위해 노아의 도움을 받아 과거의 기억을 되찾고, 가족과 친구들을 구하기 위한 여정을 시작한다.

이 여정에서 민재는 자신의 정체성을 찾고, 기억의 진실이 무엇인지를 깨닫게 된다. 결국 민재는 알렉스와의 대결에서 승리하고, 기억의 파편들을 모아 가족과 친구들의 기억을 되찾는다. 하지만 그 과정에서 하늘과의 관계가 복잡해지고, 기술의 윤리에 대한 깊은 질문을 남긴다.

결말:

민재는 기억을 되찾은 가족과 함께 새로운 시작을 다짐하며, 기억 조작 기술의 올바른 사용에 대한 사회적 논의가 필요하다는 메시지를 전하게 된다. 하늘은 민재의 결정을 이해하게 되지만 여전히 기술의 긍정적인 면을 믿고 연구를 계속하기로 한다. 이야기는 기억과 정체성 그리고 기술의 미래에 대한 고민을 남기며 마무리된다.

 위 내용에 등장하는 4명의 주요 인물 캐릭터를 설정해 줘.

 1. 민재

나이: 22세

성격: 호기심이 많고 정의감이 강한 성격으로, 불의를 참지 못하는 성향을 가지고 있다. 감정이 풍부하고, 가족에 대한 사랑이 깊다.

배경: 평범한 대학생으로, 부모님과 동생과 함께 살고 있다. 가족이 기억을 잃게 된 사건을 계기로 기억 조작 기술에 대한 의문을 품게 된다.

목표: 가족의 잃어버린 기억을 되찾고, 기억 조작 기술의 진실을 밝히는 것.

특징: 신체적으로는 평범하지만, 뛰어난 문제 해결 능력과 직관력이 있다. 과거의 기억을 회복하는 과정에서 강한 내면의 힘을 발견하게 된다.

2. 하늘

나이: 23세

성격: 낙관적이고 긍정적인 성격으로, 기술의 가능성을 믿고 있다. 하지만 민재와의 갈등으로 인해 내적 갈등을 겪기도 한다.

배경: 기억 조작 기술의 개발자이자 연구원으로, 자신의 연구를 통해 사람들에게 도움을 주고 싶어 한다. 어린 시절 민재와 깊은 우정을 나누었지만 기술에 대한 시각 차이로 갈등이 생긴다.

목표: 기술이 인류에 긍정적인 영향을 미치기를 바라며 민재와의 관계를 회복하고 싶어 한다.

특징: 뛰어난 기술적 지식을 가지고 있으며 감정적으로도 매우 예민하다. 과학과 감정 사이에서 갈등하며 성장하는 모습을 보인다.

3. 알렉스

나이: 35세

성격: 냉철하고 계산적인 성격으로, 자신의 이익을 위해서는 어떤 수단도 가리지 않는 인물이다. 카리스마가 넘치고, 사람들을 조종하는 능력이 있다.

배경: 범죄 조직의 리더로, 기억 조작 기술을 악용하여 사람들의 기억을 조작하고 세력을 확장해 나가고 있다. 과거의 상처로 인해 인간에 대한 신뢰가 결여된 인물이다.

목표: 기억 조작 기술을 통해 자신의 세력을 확장하고, 더 많은 권력을 쥐고자 한다.

특징: 외적으로는 매력적이고 강력한 존재감을 가지고 있지만 내면에는 깊은 고독과 상처를 지니고 있다. 그의 행동은 결국 자신과 주변 사람들에게 큰 대가를 치르게 만든다.

4. 노아

나이: 50세

성격: 지혜롭고 신중한 성격으로, 다양한 경험을 통해 얻은 통찰력을 가지고 있다. 학생들에게 멘토 역할을 하며, 따뜻한 인품을 지닌 인물이다.

배경: 기억 연구의 권위자로, 민재의 멘토 역할을 하며 그에게 진실을 찾는 방법을 안내한다. 과거에 기억 조작 기술의 부작용을 목격한 경험이 있다.

목표: 기억 조작 기술의 윤리적 사용을 강조하며 민재가 진실을 찾는 것을 도와주고 싶어 한다.

특징: 풍부한 지식과 경험을 바탕으로 학생들에게 중요한 교훈을 전달한다. 외모는 나이가 들어 보이지만 여전히 강한 의지를 지니고 있다.

1장

2장

3장

4장

5장

6장

7장

8장

위 내용을 바탕으로 3개의 에피소드를 만들어 줘.

 에피소드 1: 잃어버린 기억

줄거리: 민재는 가족이 이상한 행동을 하는 것을 목격하고, 그들이 기억을 잃었다는 사실을 깨닫는다. 그는 하늘에게 도움을 요청하지만, 하늘은 기억 조작 기술의 긍정적인 면을 강조하며 민재를 설득하려 한다. 이 과정에서 민재는 하늘과의 갈등이 심화되고, 기억 조작 기술의 위험성을 느끼게 된다. 결국, 민재는 자신의 가족을 구하기 위해 독자적으로 조사하기로 결심하고, 노아에게 도움을 청한다.

주요 장면: 민재가 부모님과 동생이 서로를 알아보지 못하는 장면.

하늘과의 갈등 장면에서 서로의 입장을 주장하는 대화.

노아와의 만남에서 기억 조작 기술에 대한 경고를 듣는 장면.

에피소드 2: 진실의 단서

줄거리: 민재는 노아의 도움으로 기억 조작 기술의 근본적인 원리를 파악하게 된다. 그는 범죄 조직 알렉스의 흔적을 발견하고, 그가 기억 조작 기술을 악용하고 있다는 사실을 알게 된다. 민재는 하늘에게 이 사실을 알리려 하지만, 하늘은 여전히 기술의 긍정적인 면을 주장하며 민재를 이해하지 못한다. 민재는 혼자서 알렉스의 조직을 조사하기로 결심하고 위험한 상황에 처하게 된다.

주요 장면: 민재가 노아와 함께 기억 조작 기술의 연구 자료를 살펴보는 장면.

알렉스의 조직원들과의 첫 대면 장면에서 긴장감이 감도는 순간.

하늘과 민재의 대화에서 서로의 입장 차이가 더욱 두드러지는 장면.

에피소드 3: 대결의 서막

줄거리: 민재는 알렉스의 조직에 infiltrate 하여 가족의 기억을 되찾기 위한 계획을 세운다. 그는 기억 조작 기술의 심각한 부작용에 대한 증거를 모으고, 이를 세상에 알리기 위해 노력한다. 그러나 알렉스는 민재의 계획을 눈치 채고 그를 제압하려고 한다. 민재는 하늘과의 갈등을 해결하고, 그녀의 도움을 받아 알렉스와의 최종 대결에 나선다. 마지막 순간, 민재는 자신의 진정한 기억을 되찾고 가족을 구하기 위한 결단을 내린다.

주요 장면: 민재가 알렉스의 본부에 침투하는 긴장감 넘치는 장면.

하늘이 민재를 도우며 둘의 관계가 회복되는 장면.

민재와 알렉스의 대결 장면에서 감정이 격해지는 순간.

에피소드 1번에 대한 콘티를 작성해 줘.

 에피소드 1: 잃어버린 기억 - 콘티

장면 1: 민재의 집 (오전)

컷 1: 민재가 아침에 일어나 가족들과 함께 식사하는 장면. 가족의 일상적인 모습이 그려진다.

내레이션: "오늘도 평범한 하루가 시작되었다."

컷 2: 민재가 동생과 장난치는 모습. 가족 간의 따뜻한 분위기가 느껴진다.

대사: "동생아, 오늘은 학교에서 축구 경기 있잖아!"

장면 2: 학교 (오후)

컷 3: 민재가 친구들과 함께 학교 복도에서 이야기하는 모습.

대사: "요즘 가족들이 좀 이상해. 뭔가 잘못된 것 같아."

컷 4: 친구들이 민재의 말을 듣고 걱정하는 표정.

대사: "그럴 땐 직접 물어보는 게 좋겠어."

장면 3: 민재의 집 (저녁)

컷 5: 민재가 집에 돌아와 가족이 서로를 알아보지 못하는 장면. 혼란스러운 분위기.

대사: "엄마? 아빠? 무슨 일이야?"

컷 6: 가족이 민재에게 무관심하게 대하는 모습. 민재의 얼굴에 불안이 드러난다.

내레이션: "그 순간, 뭔가 잘못되었다는 것을 직감했다."

장면 4: 민재와 하늘의 대화 (카페)

컷 7: 민재가 하늘과 카페에서 대화하는 장면. 긴장감이 감도는 분위기.

대사: "하늘아, 가족이 기억을 잃은 것 같아."

컷 8: 하늘이 놀란 표정을 짓고, 민재의 이야기를 진지하게 듣는 장면.

대사: "기억 조작 기술이 그런 부작용을 일으킬 수도 있어?"

장면 5: 갈등의 시작 (카페)

컷 9: 하늘이 기술의 긍정적인 면을 이야기하며 민재를 설득하는 장면.

대사: "이 기술은 사람들에게 도움을 줄 수 있어. 잘못된 사용이 문제야."

컷 10: 민재가 하늘의 말에 반박하며 감정이 격해지는 모습.

대사: "하지만 내 가족이 이렇게 된 건 어떻게 설명할 건데!"

장면 6: 민재의 결심 (집)

컷 11: 민재가 혼자 방에 앉아 고민하는 장면. 주변에 가족사진이 놓여 있다.

내레이션: "나는 가족을 구해야 한다."

컷 12: 민재가 노아에게 도움을 요청하기 위해 전화하는 모습.

대사: "노아 선생님, 제가 도움을 요청하고 싶어요."

장면 7: 에피소드 마무리

컷 13: 민재가 결연한 표정으로 결심하는 장면.

내레이션: "진실을 찾아야 한다. 그리고 내가 할 수 있는 모든 것을 다해야 한다."

컷 14: 화면이 어두워지며 에피소드 종료.

텍스트: "다음 에피소드에서 계속됩니다."

6-3) 뤼튼을 활용한 이미지 생성 프롬프트

 등장인물 중 민재, 하늘, 알렉스, 노아 캐릭터 이미지를 생성하려고 해 . 스테이블 디퓨전에 입력할 적당한 프롬프트를 영어로 만들어 줘.

 민재 (Minjae):

"A 22-year-old male college student with a friendly smile, short black hair, wearing casual clothing. He has an expressive face reflecting concern and determination, standing in a warm, inviting home environment."

하늘 (Haneul):

"A young woman in her early twenties with long, flowing dark hair, wearing stylish yet comfortable clothing. She has a thoughtful expression and an aura of intelligence, set against a modern café background."

알렉스 (Alex):

"A mysterious male character in his late twenties, with sharp features and an intense gaze. He has medium-length hair and wears a dark, edgy outfit. The background is a dimly lit alley, emphasizing his enigmatic personality."

노아 (Noah):

"A wise-looking middle-aged man with a kind smile and glasses, dressed in smart-casual attire. He has salt-and-pepper hair and a warm demeanor, set in a cozy study filled with books, reflecting his knowledgeable character."

[그림 3-19] 위 프롬프트로 뤼튼에서 생성한 민재, 하늘, 알렉스, 노아 캐릭터 이미지

뤼튼에서 생성된 이미지는 사진 느낌으로 생성되었다. 이제 스테이블 디퓨전을 이용해 반실사, 애니메이션 느낌이 나는 모델을 사용하여 캐릭터를 생성해 보자.

[그림 3-20] 같은 프롬프트로 스테이블 디퓨전 dreamshaper_8 모델로 생성한 민재, 하늘, 알렉스, 노아 이미지

[그림 3-21] 같은 프롬프트로 스테이블 디퓨전 oialllustrator_v10 모델로 생성한 민재, 하늘, 알렉스, 노아 이미지

7. 이미지 편집하기

7-1) 캐릭터 자세 수정하기

컨트롤넷을 사용해 이미 생성된 이미지의 자세를 수정해 보자. 아래 이미지의 손가락 모양을 활짝 펴지도록 해 보려고 한다.

이미 생성된 이미지를 불러서 수정하고자 할 때는

1. PNG 정보 탭을 클릭한다.

2. 수정할 이미지를 업로드하거나 드래그해서 불러온다.

3. txt2img로 보내기 해 기존 이미지 데이터를 불러온다.

4. 컨트롤넷에도 같은 이미지를 불러온다.

5. 활성화, 픽셀 퍼펙트, 미리보기 허용, openpose를 체크한다.

6. 사전 처리기의 ☀ 모양을 눌러 사전 처리 미리보기를 확인한다.

7. 편집으로 들어간다.

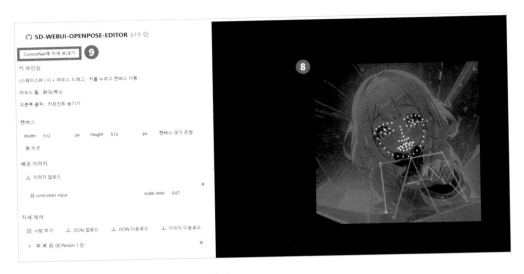

8. 원하는 모양으로 편집점을 수정한다.

9. 컨트롤넷으로 보내기를 클릭한다.

[그림 3-22] 손가락 부분이 편집된 포즈   [그림 3-23]손가락이 수정된 이미지

10. 수정된 자세를 확인하고 생성하기를 클릭한 후 이미지를 확인한다.

7-2) 캐릭터 표정 바꾸기

이미 생성된 이미지에서 캐릭터의 한 부분을 수정하고 싶을 때 사용하는 인페인트 기능을 알아보자.

1. img2img 탭으로 들어간다.

2. 인페인팅을 클릭한 후 수정하고자 하는 이미지를 불러온다.

3. 붓의 크기를 조정하고 수정할 부분을 붓으로 지워 준다.

4. 프롬프트에 smile, sad, cry 등 원하는 표정의 단어를 삽입하고 생성 버튼을 클릭한다.

[그림 3-24] 인페인팅으로 표정을 바꾼 모습

8. 웹툰 페이지와 웹툰 BOOK 만들기

8-1) 웹툰 페이지 만들기

미리캔버스와 일러스트레이터 프로그램을 활용하여 웹툰 페이지를 만들 수 있다.

- www.miricanvas.com

- www.adobe.com/kr/products/illustrator

[그림 3-25] 웹툰 페이지 만들기

8-2) 북크리에이터(Book Creator)로 온라인 웹툰 BOOK 만들기

인공지능이 읽어 주는 기능이 있는 북크리에이터로 만화 페이지를 만들 수 있다.

(상세 사용 방법은 8장의 3-2) 참고)

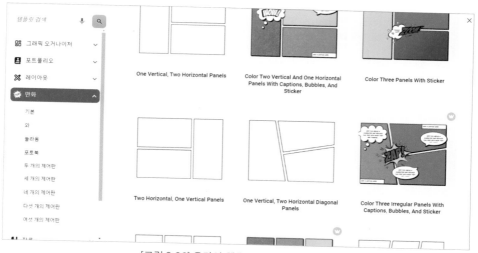

[그림 3-26] 온라인 웹툰 BOOK 만화 페이지

[그림 3-27] 온라인 웹툰 BOOK 페이지 이미지

[그림 3-28] 온라인 웹툰 BOOK 발행

[그림 3-29] 온라인 웹툰 BOOK 표지

[그림 3-30] 온라인 웹툰 BOOK 내지 ①

[그림 3-31] 온라인 웹툰 BOOK 내지 ②

[그림 3-32] 온라인 웹툰 BOOK 뒷표지

QR check!

BOOK CREATOR

달을 향한 꿈
창의메이커스

[QR 3-1] 온라인 웹툰 BOOK

4장

AI 동화책 만들기 with 미드저니(Midjourney)

1. 미드저니 사용하는 방법

프롬프트형 AI 미드저니는 인공지능 화가이다. 현재 유료 버전으로 사용 가능하나 한시적으로 25회 사용이 가능한 무료 플랜이 제공되기도 했다. (2023년 4월부터 무료 체험 중단, 100% 유료 전환)

① 미드저니 검색 → ② 계정 간편 로그인 → ③ 디스코드(Discord) 로그인(디스코드 챗봇을 통해 액세스) → ④ IP주소 승인됨 → ⑤ 디스코드로 계속하기 버튼을 클릭 → ⑥ 디스코드 이메일 인증 → ⑦ 애플리케이션 연결과 업데이트 승인 → ⑧ 디스코드에서 이미지 생성

- https://www.midjourney.com (홈페이지)

- https://docs.midjourney.com (주요문서)

1. 미드저니를 검색하여 웹사이트에 들어가면 코드 배경 장면이 시작되고 처음 가입하는 경우에는 사인업을 클릭하여 회원 가입 후 로그인이 필요하다. 구글이나 애플, 페이스북 등을 이용하여 간편 로그인이 가능하다. 디스코드 로그인으로 디스코드 챗봇을 통해 액세스가 가능하다. - https://discord.com

디스코드는 음성, 텍스트, 영상 채팅을 지원하는 인스턴트 메신저이다. AI가 보편화되면서 그림 그리기, 음악 만들기, 동영상 만들기 등의 커뮤니티에 활용되고 있어 디스코드 가입과 사용법은 필수가 되고 있다.

2. 웹 브라우저에서 디스코드 웹 앱을 사용할 수 있지만, 보통은 데스크톱 앱 또는 모바일 앱을 다운로드하여 사용한다. Windows, macOS, iOS, Android 등 원하는 플랫폼에 맞게 앱을 다운로드하고 설치한 뒤 미드저니 봇을 클릭한다.

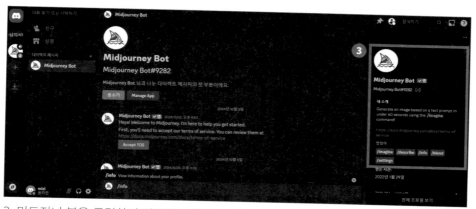

3. 미드저니 봇을 클릭하면 미드저니의 정보와 함께 다양한 프롬프트 명령어를 볼 수 있다.

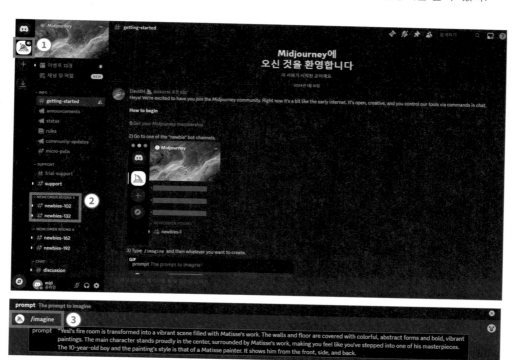

4. ① 미드저니는 다이렉트 메시지를 사용하여 60초 이내에 텍스트 프롬프트에 기반한 이미지를 생성해 준다. 미드저니를 클릭한 후 ② 화면 좌측에 newbie로 시작하는 채널에 들어가서 ③ /imagine을 입력하면 프롬프트 창이 뜬다. 프롬프트 창에 원하는 내용을 입력한 후 키보드 엔터(Enter)를 눌러보자.
(프롬프트 작성 시에는 이미지 프롬프트 - 텍스트 프롬프트 - 파라미터 순으로 입력)

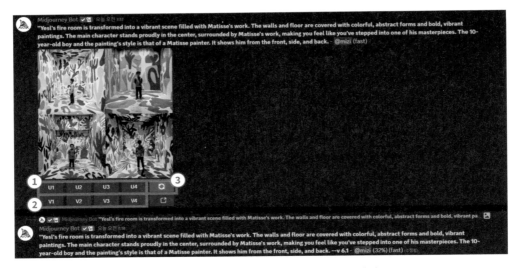

5. 생성된 이미지가 입력한 프롬프트와 함께 채팅으로 올라올 것이다.

① U1, U2, U3, U4 버튼은 선택한 이미지의 더 큰 버전의 이미지를 생성하는 업스케일 기능이 있고 ② V1, V2, V3, V4 버튼은 선택한 그리드 이미지를 기반으로 추가적인 변형 이미지를 만드는 기능이다. ③ 생성된 이미지가 마음에 들지 않는 경우 새로 고침(⟳) 버튼을 클릭하여 다시 4개의 이미지를 생성할 수 있다.

2. 미드저니 웹버전

미드저니 6, 6.1 버전으로 업데이트되면서 디스코드 플랫폼에 의존하지 않고, 최근 웹사이트에서 직접 미드저니를 사용할 수 있게 되었다. 웹 버전은 이미지 재구성 (Reframe), 리페인팅(Repainting)과 같은 기능이 통합된 인터페이스를 제공한다.

미드저니 웹사이트 버전으로 사용 방법을 알아보자.

미드저니는 사용자가 텍스트 프롬프트를 입력하면 인공지능이 해당 프롬프트에 맞는 이미지를 생성한다. 이 기술은 자연어 처리와 딥러닝을 기반으로 하여 사용자가 제공한 텍스트 설명을 분석하고, 이를 바탕으로 시각적 이미지를 생성한다.

① 로그인 → ② Create 클릭 → ③ 프롬프트 창에 작성하거나, Chat 창에 프롬프트 작성 → ④ 이미지 생성

- https://www.midjourney.com/explore

1. 로그인하면 위 이미지와 같은 미드저니 첫 페이지를 만나게 된다. 대시보드에 나와 있는 이미지를 둘러보고 마음에 드는 이미지를 선택 클릭 후 프롬프트 복사가 가능하다. 영문만 정확하게 인식이 가능해 딥엘 번역기를 이용하는 것을 추천한다.
{★ 딥엘(DeepL) 문서 번역기 - https://deepl.com}

1장
2장
3장
4장
5장
6장
7장
8장

2. 기본 System 모드는 Light Mode이고 Dark Mode로 바꾸어 사용할 수 있다.

3. Create를 클릭하고 프롬프트 창에 작성하여 동일 인물의 연령대별 이미지를 생성할 수 있다. 10세, 20세, 30세, 50세, 70세 등 다양한 연령대를 프롬프트해 보자.

[10세 프롬프트] 마티스의 작품 전시회에서 작품을 바라보는 10세 갈색 머리 소년의 미디엄 샷입니다. 따뜻한 햇살이 들어오는 창가에 앉아 있는 소년의 표정은 집중하고 차분하여 전시회의 부드러운 분위기를 더함. Nikon Z7 호박색 톤의 따뜻하고 차분한 색감으로 촬영됨.

Medium shot of a 10-year-old brown-haired boy looking at artwork in an exhibition of Matisse's work. Sitting by a window with warm sunlight, the boy's expression is focused and calm, adding to the soft atmosphere of the exhibition. Shot with Nikon Z7 II, 85mm f/1.8 lens, warm, muted colors with amber tones. (hongs lab 프롬프트 참고)

[50세 프롬프트] 마티스의 작품 전시회에서 주름이 두드러진 50세 남성이 낙서로 뒤덮인 벽에 기대어 그림을 감상하고 있는 모습, 그의 표정은 지혜롭고 자신감 넘치며 부드러운 저녁 빛이 얼굴의 선을 강조하는 긴 그림자를 드리우고 있다. Canon EOS-1D X Mark III, 50mm f/1.4 렌즈, 따뜻한 황금빛의 생생한 색감으로 촬영한 미디움 샷임.

A 50-year-old man with prominent wrinkles admiring a painting at an exhibition of Matisse's work, leaning against a graffiti-covered wall, his expression wise and confident, the soft evening light casting long shadows that accentuate the lines of his face.The medium shot was taken with a Canon EOS-1D X Mark III, 50mm f/1.4 lens, and vibrant colors with a warm golden tint. (hongs lab 프롬프트 참고)

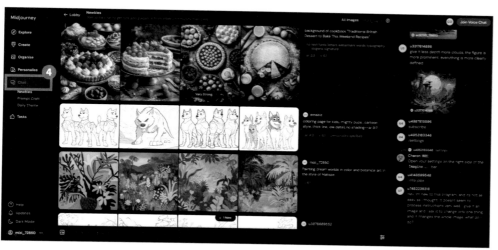

4. Chat 메뉴로도 프롬프트하여 이미지 생성을 할 수 있다.

3. 챗GPT를 활용한 동화 원고 작성과 미드저니로 삽화 생성하기

 [프롬프트 1] 일주일 동안 마티스 그림 연구를 하는 10세 아이의 스토리를 작성해 주세요. 마티스가 어떻게 화가가 되었는지, 루브르 박물관에서 배운 그림, 색으로 그린 낙원 등 그림과 연관 지어 동화책 글을 작성해 주세요.

1. 챗GPT 프롬프트 창에 원고 개요를 작성한다.

 [프롬프트 2] 마티스 그림 연구를 하는 10세 아이의 스토리로 동화책을 작성하려고 해. 스토리를 작성해 줘.

프롬프트 1과 프롬프트 2를 비교해 보자. 프롬프트를 작성할 때 더 상세히 작성하는 것이 좋은 결과를 얻을 수 있다.

[그림 4-1] 챗GPT 원고 결과

2. 프롬프트 1 내용으로 작성된 요일별 원고 결과이다.

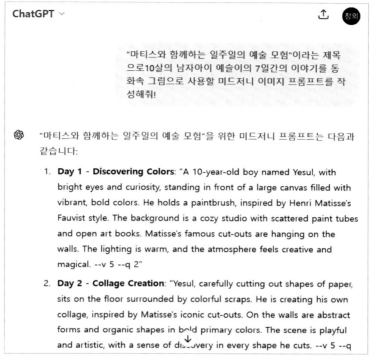

[그림 4-2] 미드저니 이미지 프롬프트 작성 결과

3. 원고 요약 내용으로 챗GPT를 활용하여 미드저니 프롬프트를 작성하여 이미지를 제작한다.

[그림 4-3] 딥엘(DeepL) 번역기를 활용한 프롬프트 작성

4. 생성한 원고를 딥엘 번역기로 번역한 내용을 프롬프트하여 이미지를 생성한다.

1장

2장

3장

4장

5장

6장

7장

8장

[그림 4-4] 화가 화풍 이미지 생성 결과

5 고흐 화가 화풍과 마티스 화가 화풍을 프롬프트하여 이미지를 생성한다.

[그림 4-5] 미드저니 프롬프트와 이미지 생성 결과

[그림 4-6] 마티스 화가 화풍으로 이미지 생성 결과

6. 마티스 화가 화풍으로 10세 소년 예슬이 캐릭터 이미지와 배경을 생성한다.

[그림 4-7] 마티스 화가 화풍으로 생성한 이미지

7. 이미지를 선정하여 ebook 동화책 삽화로 사용한다.

4. 북크리에이터(Book Creator)로 ebook 동화책 만들기

미드저니로 생성한 삽화와 챗GPT를 활용하여 생성된 원고로 ebook 동화책을 완성한다. 표지는 일러스트레이터와 포토샵을 활용하거나 미리캔버스, 캔바 등 편집 가능한 프로그램으로 이미지를 만들어 북크리에이터로 가져오기 한다. 원고를 북크리에이터 메뉴에 있는 말풍선, 글상자 등을 활용하여 동화책을 완성한다. 읽어 주기 버튼을 클릭하면 인공지능 목소리로 책을 읽어 주기도 한다. (상세 사용 방법은 8장의 3-2) 참고)

1. ① ➕ 버튼을 클릭하면 도구 메뉴가 나온다. ② 이미지, ③ 텍스트, ④ 녹음, ⑤ 템플릿(말풍선, 스티커) 등 동화책 만들기에 유용한 도구들이 있다.

2. 도구 창에 녹음 버튼을 클릭하여 직접 책 읽는 음성을 녹음하여 첨부할 수 있다.

3. 도구 창에서 템플릿 버튼을 클릭하면 검색창이 뜬다. 필요한 동화책 레이아웃을 검색하여 레이아웃, 만화 장르를 정한 뒤 책에 적용하여 시작할 수도 있다.

[그림 4-8] 북크리에이터 표지 이미지

4. 이미지 첨부와 텍스트를 편집하여 완성된 동화책을 플레이하고 ① 읽어 주기 버튼을 클릭하면 이미지가 아닌 ② 텍스트 부분의 글을 인공지능이 읽어 준다.

[그림 4-9] 북크리에이터 내지 화요일 이미지

[그림 4-10] 북크리에이터 내지 목요일 이미지

[그림 4-11] 북크리에이터 내지 금요일 이미지

[그림 4-12] 북크리에이터 뒷표지 이미지

5. ① 완성된 책을 선택하여 ② 공유하기를 클릭하면 출판 창이 뜬다.

6. 책 상세 내용을 체크하여 책이 출판되면 온라인으로 읽기, 링크 복사, QR코드를 생성할 수 있다.

[그림 4-13] 완성된 동화책 페이지 이미지

QR check!

📖 BOOK CREATOR

마티스와 함께하는 일주일의 예술 모험
김미경 & 챗GPT, 미드저니 협업

[QR 4-1] ebook 동화책

3

생성형 AI로
예술가 따라잡기

5장

AI 작곡과 추상화의 콜라보

1. AI 작곡하기

1-1) 마젠타(magenta)

마젠타(magenta)는 알고리즘 학습을 통해 데이터를 노래, 이미지 등의 새로운 콘텐츠로 생산하는 머신러닝 모델이다. 칸딘스키가 그림을 그리며 영감을 얻었을 소리에 가중치를 매기는 신경망 학습을 진행했다. 칸딘스키 작품 속의 선과 도형을 분석해 칸딘스키가 그림을 그리며 들었을 소리를 '음악'으로 구현해 내는 시스템을 완성했다.

\- https://magenta.tensorflow.org

[그림 5-1] 마젠타 사이트 이미지

[그림 5-2] 마젠타 블로그 이미지

Magenta Studio는 Ableton Live용 MIDI 플러그인이다. Continue, Groove, Generate, Drumify, Interpolate 등 5가지 도구가 포함되어 있어 Session View에서 MIDI 클립에 Magenta 모델을 적용할 수 있다.

Continue	순환 신경망(RNN), 예측 능력을 사용하여 드럼 비트나 멜로디를 따를 가능성이 높은 음표를 생성한다. 입력 클립을 제공하면 최대 32마디까지 확장할 수 있다.
Groove	입력 드럼 클립의 타이밍과 벨로시티를 조정하여 드러머의 연주 '느낌'을 만들어 낸다.
Generate	Continue와 비슷하지만 입력이 필요 없는 4마디 구절을 생성한다. 출력을 원하는 위치, 변형 수, 온도를 선택하고 Generate를 클릭한다. 이는 창의적인 블록을 깨거나 오리지널 샘플에 대한 영감의 원천으로 도움이 될 수 있다.
Drumify	모든 입력의 리듬에 따라 그루브를 만든다. 베이스라인이나 멜로디에 드럼 반주를 생성하거나 탭된 리듬에서 드럼 트랙을 만드는 데 사용할 수 있다. 수행된 입력에서 가장 잘 작동하지만 양자화된 클립도 처리할 수 있다.
Interpolate	Generate와 유사한 VAE(Variational Autoencoder)도 사용한다. MIDI에서 유사한 음악 패턴이 함께 클러스터링된 압축 공간으로의 매핑이다.

[그림 5-3] 마젠타 화면 이미지 (출처 - 마젠타 블로그)

1. 메뉴 사진관을 클릭하면 마젠타 스튜디오 사용 방법을 영상과 함께 상세히 볼 수 있다.

2. GitHub에서 자료를 찾아 활용할 수 있다.

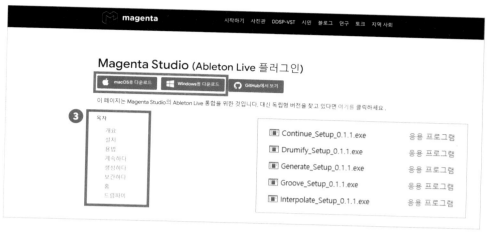

3. Magenta Studio를 다운로드하여 설치하고, 목차에서 필요한 부분을 영상과 함께 보면서 Generate 하여 생성할 수 있다.

1-2) 사운드로우(SOUNDRAW)

사운드로우(SOUNDRAW)는 제너레이터 방식의 작곡 프로그램이며 다양한 스타일과 장르에서 음악을 생성할 수 있다. 무료로 가능하고 유료로 사용하여 제한 없이 저작권 보호과 함께 소셜미디어에서 수익을 창출할 수도 있다.

사운드로우에서 제작한 음악은 AI가 생성한 음악이므로 저작권에 상관없이 자유롭게 활용할 수 있고 오프라인 매장 내 음악을 비롯하여 온라인상의 개인 사이트, 유튜브, 브이로그 등에 적용할 수 있다.

① 사운드로우 검색하여 접속 → ② Try it for free 버튼 클릭 → ③ 원하는 장르를 선택하여 클릭 → ④ 생성형 AI로 음악 창작 활동 (간단한 작곡 방법)

- https://soundraw.io

1. 사운드로우(SOUNDRAW)를 검색하여 홈페이지에 접속한다.

2. Sign up 버튼을 클릭하여 구글 계정으로 로그인하면 사운드로우 계정을 생성할 수 있다.

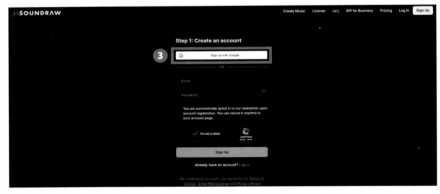

3. 구글 계정 로그인으로 Sign up을 완료한다.

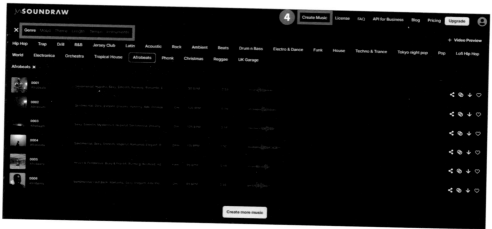

4. Create Music을 클릭하면 장르(Genre), 분위기(Mood), 주제(Theme), 길이(Length), 속도(Tempo), 악기(Instruments) 메뉴가 있다. 각각의 메뉴를 사용하여 곡의 디테일을 설정할 수 있다.

장르(Genre)	힙합, 아프로비트, 트로피컬하우스, 주변 환경, 오케스트라, 팝 등 다양한 장르를 선택하여 혼합해서 생성할 수 있다.
분위기(Mood)	장르를 선택했다면 곡의 분위기를 설정할 수 있다. 행복, 로맨틱, 화려한, 신비로운, 감상적인, 꿈꾸는 듯한, 등 다양한 분위기를 선택하여 곡에 설정할 수 있다.
주제(Theme)	생성할 곡에 주제를 선택하여 적용할 수 있다. 자연, 스포츠&액션, 패션&뷰티, 여행, 공포&스릴러 등의 주제를 적용할 수 있다.
길이(Length)	생성할 곡의 전체 시간을 설정할 수 있다. 최대 5분 미만 길이의 곡을 생성할 수 있다.
속도(Tempo)	생성할 곡에 속도를 80, 90, 100 숫자로 설정과 느린(Slow), 정상(Normal), 빠른(Fast)으로 설정할 수 있다.
악기(Instruments)	악기 구성을 선택하여 곡을 생성해 준다.

5. 길이(Length), BPM, 악기(Instruments), key, Volume 등을 조절할 수 있다.

6. 속도(Tempo)를 느린(Slow), 정상(Normal), 빠른(Fast)으로 간단하게 조절하여 사용할
수 있다.

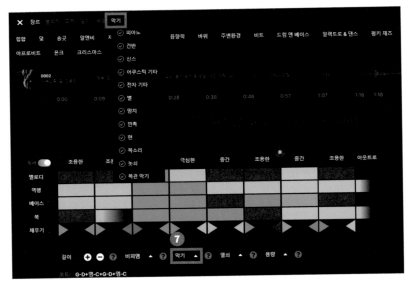

7. 악기(Instruments)를 선택하여 AI 작곡을 할 수 있다.

8. 사운드로우 제너레이터 방식의 작곡 프로그램 활용 방법 또는 작곡한 음원의 플레이하는
영상을 만들어 유튜브에 게시한다.

[QR 5-1] 사운드로우 실행 영상

1장

2장

3장

4장

5장

6장

7장

8장

[그리고 봄_김지영 作]

QR check!

[QR 5-2] 사운드로우 생성 음악

9. 추상화 그림 완성 후 작품 네임 태그에 QR과 작품 설명을 작성하여 전시한다. 전시 작품 감상 시 스마트폰으로 태그하면 작곡한 음악과 작품 설명을 볼 수 있다.

[QR 5-3] 별빛 속 내밤

[QR 5-4] 봄의 향기

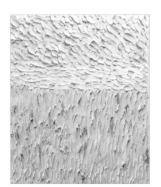

[QR 5-5] 봄의 미소

1-3) 아이바(AIVA)

아이바(AIVA)는 EDM, 재즈, 클래식 등 다양한 장르의 음악을 클릭 몇 번으로 1~2분 만에 만들어 주는 제너레이터 방식의 작곡 프로그램이다. 챗GPT보다 앞선 2016년에 공개되었으며, 게임과 영화 OST 등의 분야에서 활용되고 있었다. AI의 확산에 따라 아이바에 대한 관심이 증가하고 작곡 경험이 없어도 간단하게 작곡을 경험할 수 있는 AI이다.

아이바 사용 방법을 알아보자.

① 아이바 검색하여 접속 → ② Create a free account 버튼 클릭 또는 로그인 → ③ 트랙 생성 클릭 → ④ 생성형 AI로 음악 창작 활동 (간단한 작곡 방법)

\- https://www.aiva.ai

1. 아이바 홈페이지에 접속하여 구글 계정을 이용하여 회원 가입을 한다.

1장
2장
3장
4장
5장
6장
7장
8장

2. 아이바에서 사용 가능한 각 메뉴의 기능이다.

① 집(Home): 아이바의 홈 화면

② 편집자(Edotor): 생성된 곡을 편집, 악기 구성 변경

③ 스타일 디자이너(Style Designer): 나만의 스타일의 장르를 만들 수 있음.

④ 라디오(Radio): 미리 생성된 다양한 장르의 곡을 들을 수 있음.

⑤ 청구(Billing): 요금제 설명을 볼 수 있음.

⑥ 업데이트(Updates): 업데이트 정보 확인

⑦ 튜토리얼(Tutorials): 튜토리얼(사용 지침) 관련 자료를 볼 수 있음.

⑧ 앱 다운로드(Download App): 앱을 다운로드할 수 있음.

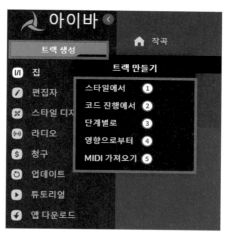

3. Create Track 트랙 생성을 생성하여 작곡할 수 있다.

① 스타일에서(From a Style): 스타일 라이브러리 사용하여 작곡 생성

② 코드 진행에서(From a Chord progression): 코드 진행 기반으로 생성

③ 단계별로(Step by step): 편곡과 악기 설정까지 단계별로 설정하여 생성하고 아이
바가 제공한 음악 요소를 바탕으로 완전한 작곡을 생성하는 데 도움이 됨.

④ 영향력 업로드(Upload influence): 오디오 파일과 포맷된 MIDI 파일만을 분석하
여 새롭게 작곡할 수 있음.

⑤ MIDI 가져오기{Import MIDI(Musical Instrument Digital Interface)}: 아이바에 내
장된 피아노 롤 편집기에서 모든 MIDI 파일을 가져와 사용하여 작곡할 수 있음.

1장

2장

3장

4장

5장

6장

7장

8장

4. 스타일 디자이너를 선택하여 만들기를 클릭한다.

5. 만들기를 클릭하고 스타일을 선택하면 사용할 분위기를 선택할 수 있다.

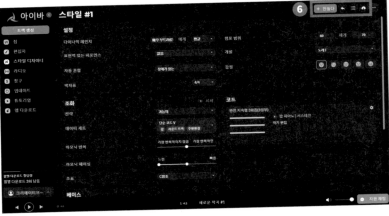

6. 여러 가지 개발 설정을 선택하여 원하는 음원을 만든다.

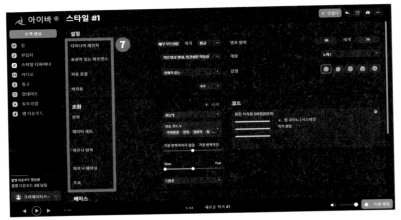

7. 다이나믹 레인지, 퍼포먼스, 자동 혼합, 박자, 데이터 세트, 하모닝 페이싱, 조표, 개발설정, 감정(애플이모션)까지 선택한다.

8. 코드 부분을 클릭하여 악기 추가도 가능하다.

9. 설정 후 + 만들기를 클릭하면 작곡이 생성되어 다운로드할 수 있다.

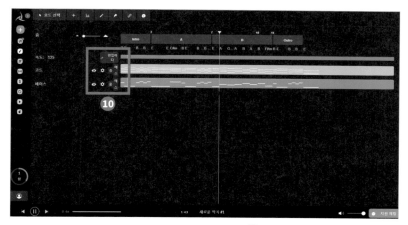

10. 생성된 음원은 편집자 모드에서 편집할 수 있고, 아이바 프로그램을 설치하여 악기를 추가하거나 생성된 음원을 실시간으로 들을 수 있다.

1장

2장

3장

4장

5장

6장

7장

8장

149

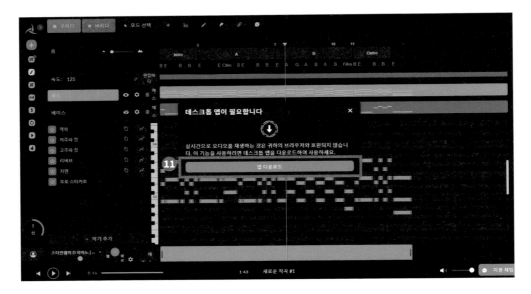

11. 실시간으로 오디오를 재생하려면 데스크톱 프로그램을 다운로드하여 사용해야 한다.

12. 데스크톱 프로그램을 다운로드하였다. 이제 생성된 음원을 실시간으로 들을 수 있다.

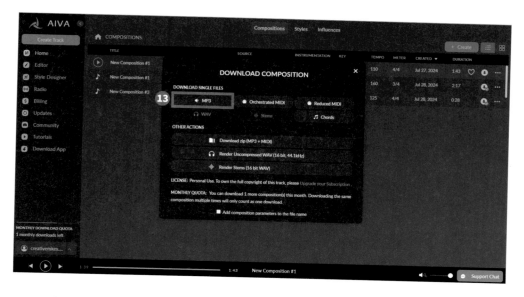

13. 완성한 음원은 MP3로 다운로드할 수 있다.

QR check!

스타일디자이너
편집음원

[QR 5-6]
아이바스타일디자이너
편집 음원 1

[QR 5-7]
아이바스타일디자이너
편집 음원 2

1장

2장

3장

4장

5장

6장

7장

8장

14. 스타일 라이브러리를 활용하여 작곡할 수 있다.

15. 코드 진행 클릭으로 아이바가 제공하는 스타일을 선택하여 작곡할 수 있다.

16. 단계별로 아이바가 제공하는 음악 요소로 작곡을 할 수 있다.

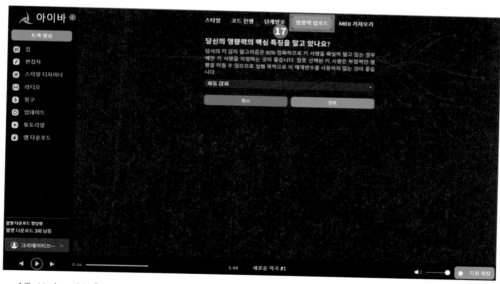

17. Upload influence 영향력 업로드를 선택하여 MIDI 또는 오디오 파일을 업로드하여 자동 감지한 후 편집 작곡할 수 있다.

[겨울하늘_김미경]

QR check!

[QR 5-8] 사운드로우
생성 음악

[QR 5-9] 아이바
업로드 편집 생성 음악

1-4) 비트봇(BeatBot) - 뮤직파이(Musicfy)

비트봇(BeatBot)은 현재 스플래쉬(Splash) pro로 알려져 있으며, 사용자가 텍스트 프롬프트를 제공하여 짧고 독창적인 노래를 만들 수 있는 AI 기반 도구이다. 스플래쉬의 AI 기술을 사용하여 비트, 멜로디, 코드와 같은 음악적 요소를 만든다. OpenAI의 GPT-3 모델을 사용하여 사용자의 텍스트 프롬프트를 기반으로 가사를 생성한다. 또한, AI 래퍼를 활용하여 보컬 퍼포먼스를 제공한다. 비트봇 - 뮤직파이(Musicfy)는 사용자가 자신의 음성 복제본을 만들 수 있도록 하여 AI 음성으로 AI 음악을 만들 수 있으므로 저작권 없이, 로열티 없이 무료로 노래를 만들 수 있다. 뮤직파이는 두 가지 다른 음성을 결합하여 다른 사람이 갖지 못한 완전히 독특한 음성을 만드는 맞춤형 AI 모델을 사용한다. 이를 통해 뮤직파이 사용자는 저작권법으로부터 보호된다. 가장 큰 특징은 텍스트 음악 변환 기능이다. 음악과 악기의 스타일을 설명하고 AI를 사용하여 몇 초 만에 전체 노래를 만들 수 있다. 음성에서 비트, 노래를 구성하고 음성으로 악기 사운드를 만들 수 있다.

(출처 - musicfy.lol/blog/beatbot)

뮤직파이의 무료 비트봇(가입 불필요)을 사용하여 무제한으로 곡을 만들어 보자.

① beatbot - ai song maker 검색하여 접속 → ② Get Started It's Free 버튼 클릭 → ③ 로그인 → ④ create 버튼 클릭 → ⑤ 생성형 AI로 음악 창작 활동

- https://create.musicfy.lol

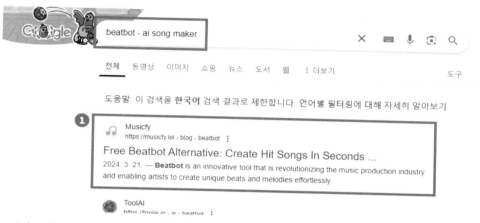

1. beatbot - ai song maker를 검색하여 클릭한다.

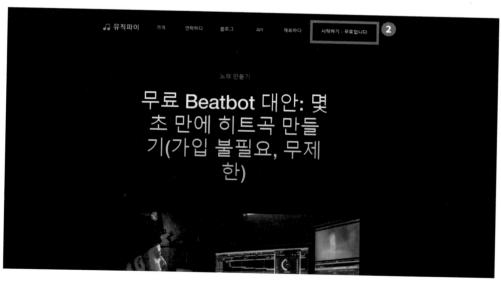

2. 시작하기-무료입니다(Get Started-It's Free) 버튼을 클릭하면 사이트로 이동한다.

3. 만들다(create)를 클릭하여 음악 생성을 시작한다.

4. 음성 아티스트를 먼저 선택한다. 오디오 파일을 업로드하거나 유튜브 링크를 업로드할
수 있다.

5. 커버에 사용하고 싶은 아티스트를 선택한다. 아티스트 검색을 통해 원하는 목소리를 선택한다. 기악을 선택하여 악기로 작곡을 할 수도 있다.

6. BTS 검색으로 지민(방탄소년단)을 클릭한다.

7. 지민(방탄소년단)과 함께 사용할 오디오를 업로드하고 생성하다 버튼을 클릭한다. 또는 오디오 녹음으로 작곡하는 방법도 있다.

8. 생성하다 버튼을 클릭하면, 음악이 생성되는 것을 볼 수 있다.

※ 텍스트에서 음악으로

① 챗GPT를 활용하여 음악 작곡 기획을 작성해 보자.

② AI 작곡을 하려고 한다. "IT 예술가 그룹전을 기획하여 전시 배경 음악을 만들 예정인데 프롬프트를 어떻게 하면 좋을까?"라는 프롬프트에 다음과 같이 결과를 만들어 준다.

AI를 이용한 작곡을 통해 IT 예술가 그룹전의 전시 배경 음악을 제작하는 것은 아주 흥미로운 프로 젝트입니다. 프롬프트를 효과적으로 작성하기 위해, 전시의 분위기와 테마, 그리고 각 예술 작품의 특징을 반영하는 음악적 요소를 고려해야 합니다. 다음은 AI 작곡을 위한 프롬프트 작성 시 고려할 수 있는 요소와 예시입니다.

1. 전시 테마와 분위기 설정

전시의 전체적인 테마와 분위기를 설명해 주세요. 예를 들어, 전시가 기술과 인간의 상호작용을 탐 구한다면 음악이 차가운 전자음과 따뜻한 아날로그 사운드의 조합을 반영하도록 할 수 있습니다.

예시 프롬프트:

- "Create a background music piece that reflects the theme of technology and human interaction, blending cold electronic sounds with warm analog tones. The music should evoke a sense of curiosity and wonder, with a hint of futuristic atmosphere."

2. 각 작품에 맞는 음악적 표현

각각의 작품이 다룬 주제나 표현 방식에 맞는 음악적 스타일을 고려합니다. 예를 들어, 하나의 작품 이 디지털 혼란을 표현한다면 빠르고 불규칙적인 리듬을 사용할 수 있습니다.

[그림 5-3] 챗GPT 음악 작곡 기획 프롬프트 결과

1장

2장

3장

4장

5장

6장

7장

8장

챗GPT 예시 프롬프트를 딥엘로 번역하여 내용을 확인한다.

[그림 5-4] 챗GPT 프롬프트 결과 딥엘 번역

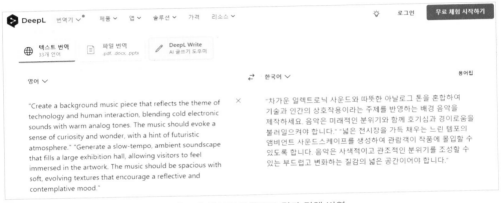

[그림 5-5] 챗GPT 프롬프트 결과 딥엘 번역

9. 텍스트로 AI 음악을 생성할 수 있으며 챗GPT 기획 단계 결과로 나온 예시 프롬프트를 딥
엘로 번역하여 내용 확인 후 활용한다.

[프롬프트] Create a background music piece that reflects the theme of technology and human interaction, blending cold electronic sounds with warm analog tones. The music should evoke a sense of curiosity and wonder, with a hint of futuristic atmosphere.

차가운 전자 사운드와 따뜻한 아날로그 톤을 혼합하여 기술과 인간 상호 작용이라는 주제를 반영하는 배경음악을 만드세요. 음악은 미래적인 분위기와 함께 호기심과 경이로움을 불러일으켜야 합니다.

10. 프롬프트 작성 후 생성하다 버튼을 클릭한다.

11. 생성된 음악을 플레이하고 다운로드할 수 있다. 트랙의 일정 길이에 도달하면 무료 사용에 제한이 있으니 주의하자.

12. Gamma를 활용하여 음악 기획서를 탄탄하게 작성할 수 있다.

전시장 배경 음악 기획 목적

전시 공간에 적합한 배경 음악을 선정하여 관람객들에게 몰입감 있는 경험을 제공하고, 작품의 감상을 극대화하는 것이 목표입니다.

1 몰입감 증진
음악을 통해 관람객들이 전시 공간에 더욱 몰입할 수 있도록 유도

2 작품 감상 향상
선정된 음악이 전시 작품과 조화를 이루어 작품 감상을 더욱 풍부하게 함

3 전시 분위기 조성
전시의 주제와 분위기에 맞는 음악을 선정하여 전시 공간에 특별한 분위기 조성

4 관람객 만족도 향상
전시 경험을 향상시켜 관람객 만족도를 높임

전시장 배경 음악 기획 방향

전시 공간에 적합한 배경 음악을 선정하기 위해 전시 주제와 작품 스타일을 고려하고, 관람객의 감정을 자극하는 음악을 선정합니다.

전시 주제와의 조화
각 전시 주제에 맞는 음악 스타일을 선정하여 전시 내용과의 조화를 이룸

작품 스타일과의 일치
전시 작품의 스타일과 분위기에 맞는 음악을 선정하여 작품 감상을 극대화

관람객 감정 고려
관람객의 감정을 자극하는 음악을 선정하여 몰입감을 높이고 전시 경험을 풍부하게 함

공간 분위기 연출
전시 공간의 분위기를 연출하는 데 도움이 되는 음악을 선정하여 관람객에게 특별한 경험 제공

13. 기획 목적과 방향을 AI Gamma와 협업하여 작성 후 음악 작곡 프롬프트를 더 자세히 작성하면 좋은 결과를 얻을 수 있다.

1-5) 수노(SUNO AI)

수노(SUNO)는 사용자가 가사를 입력하거나 간단히 곡에 대한 설명을 입력하면 몇
초 만에 노래를 만들어 주는 수많은 AI음악 생성 서비스중 성능이 우수하고 사용이
간단하다.

① suno 검색하여 접속 → ② 구글 계정 로그인 → ③ Create를 클릭 → ④ 생성형 AI로 음
악 창작 활동

- https://suno.com

1. suno.com 홈페이지에 접속하여 Sign up 버튼을 클릭해 구글 계정을 이용하여 회원 가
입을 한다.

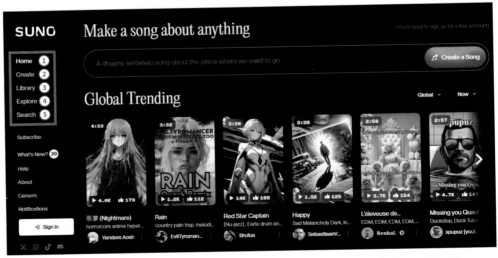

2. 접속하면 화면 좌측에 Home, Create, Library, Explore, Search 5개의 메뉴가 있다.

① Home: 첫 화면

② Create: 음악을 생성하는 곳

③ Library: 완성한 결과물이 모여 있는 곳

④ Explore: 음악 스타일을 탐험하는 곳

⑤ Search: 노래, 재생 목록 또는 사용자 검색을 하는 곳

3. 회원 가입을 완료하면 왼쪽 하단 부분에 50 credits Subscribe 이라는 표시가 보인다. 무료 버전으로는 50 credits으로 하루에 10곡을 생성할 수 있다. 1개월 또는 1년 단위로 유료로 사용할 수도 있다.

4. 왼쪽 메뉴에서 Create를 클릭한 후 Song Description에 생성할 노래를 설명하고 Create 버튼을 클릭하여 음악을 생성한다. 기본적으로 2개의 곡을 만들어 준다.

※ 설명 입력 시 주의할 점: 수노는 모방을 지양하므로 활동 중인 아티스트의 이름을 넣으면 음원 생성이 안 된다.

5. 왼쪽 상단의 Custom을 활성화하여 가사를 입력하고 스타일과 제목을 입력한 후 Create 버튼을 클릭하여 음악을 생성한다. 보컬 없이 음악만 만들고 싶으면 'Instrumental'만 켜고 Create 버튼을 누른다.

 비오는 날 듣기 좋은 노래 가사를 영어로 만들어 줘.

6. 이번에는 챗GPT에 접속하여 가사를 생성한다. 로그인 후 하단 메시지 창에 원하는 가사를 만들어 달라고 메시지를 입력한다. 아래와 같이 비오는 날에 어울리는 노래 가사를 몇 초 만에 만들어 준다.

Whispers of the Rain

Verse 1:
Raindrops falling outside my window
Whispering softly like a gentle breeze
Touching my heart, calming my soul
Like the sound of your voice I miss

해당 가사를 복사하여 수노에서 Custom을 활성화하여 가사를 입력하고 스타일과 제목을 입력한 후 Create 버튼을 클릭하여 음악을 생성한다.

7. 가사와 어울리는 커버 이미지도 자동 생성된다.

8. 완성된 곡 중에서 원하는 곡을 선택한 후 오디오(Audio) 또는 비디오(Video) 다운로드가 가능하다. 곡을 만들 때마다 10 credits이 차감되고 얼마의 credits이 남아 있는지 알려 준다.

1장

2장

3장

4장

5장

6장

7장

8장

QR check!

[QR 5-10] 음악 생성 예시

2. 추상화와 AI 협업

2-1) 미술, 컴퓨터 과학, 수학에서의 추상화

미술에서의 추상화: 사물을 눈에 보이는 것처럼 자연적, 사실적으로 재현하는 것이 아니라, 점, 선, 면, 색채 등의 표현을 목표로 하는 그림을 추상화라고 한다. 부드러운 선으로 이루어진 것은 뜨거운 추상(칸딘스키), 직선으로 간단 명료하게 구성된 것은 차가운 추상(몬드리안)이라고 부른다.

컴퓨터 과학에서의 추상화(Abstraction): 개체의 외적 속성과 내적 구성의 세부 사항을 구별하는 것을 가리킨다. 복잡한 자료, 모듈, 시스템 등으로부터 핵심적인 개념 또는 기능을 간추려 내는 것을 말한다.

수학에서의 추상화는 이질적인 요소는 제거하고 동질적인 요소만 추출하여 개념을 형성하는 과정, 공통의 특징을 찾아 식을 만드는 것이다.

미술, 컴퓨터 과학, 수학에서의 추상화 의미를 정리하면 만들고자 하는 프로그램의 주제가 무엇이냐에 따라 특성과 재료가 달라지고 좀 더 단순화, 정리화를 할 수 있다.

챗GPT에 추상화에 대한 프롬프트한 결과를 살펴보자.

> 미술에서 추상화를 설명해줘
>
> 미술에서 추상화는 현실의 형태나 객체를 완전하게 표현하는 대신, 개념이나 감정을 강조하거나 강조하는 미술적 기법입니다. 추상화는 주관적이고 개인적인 해석을 통해 작품의 의미를 발견하도록 격려하거나 단순화합니다.
>
> 이를테면, 사물이나 풍경을 그대로 그리는 대신, 감정의 표현이나 아이디어의 전달에 중점을 둔 작품을 만들 수 있습니다. 선과 색채, 형태와 공간의 조합을 사용하여 현실의 형태에서 벗어나고, 관람자의 상상력과 감정에 다가가려고 합니다.
>
> 추상화는 미술에서 혁신과 실험을 추구하는 작가들에게 매우 중요한 도구로 작용합니다. 이는 예술적 표현의 한 형태로서, 시대적, 문화적, 개인적인 관점을 반영하는 다양한 작품들을 통해 발전해 왔습니다.

[그림 5-6] 챗GPT 프롬프트 결과 ①

컴퓨터 과학에서의 추상화를 설명해줘

컴퓨터 과학에서의 추상화는 복잡한 시스템이나 문제를 단순화하고, 핵심적인 부분에 집중함으로써 이해하기 쉽게 만드는 프로세스입니다. 이는 일종의 "정보 은폐" 과정으로, 세부 사항을 감추고 핵심 개념에 집중함으로써 문제 해결을 용이하게 합니다.

예를 들어, 컴퓨터 프로그래밍에서는 추상화를 사용하여 복잡한 작업을 단순한 명령어나 함수로 나타냅니다. 이를테면, 고급 프로그래밍 언어는 낮은 수준의 기계어보다 더 추상화된 형태로 작성됩니다. 이러한 고급 언어를 사용하면 프로그래머가 더 높은 수준에서 프로그램을 이해하고 구현할 수 있으며, 하드웨어의 세부 사항에 대해 걱정하지 않고도 작업을 수행할 수 있습니다.

추상화는 또한 컴퓨터 시스템의 다양한 수준에서 발생합니다. 하드웨어 수준에서는 추상화가 물리적인 하드웨어의 세부 사항을 숨기고, 소프트웨어 수준에서는 프로그램의 내부 동작을 감추는 데 사용됩니다. 이러한 추상화 레벨은 프로그래머가 시스템을 더 효율적으로 다루고, 더 높은 수준에서 프로그래밍할 수 있도록 합니다.

추상화는 컴퓨터 과학에서 핵심적인 개념 중 하나이며, 효율적인 소프트웨어 개발과 시스템 설계에 필수적입니다.

[그림 5-7] 챗GPT 프롬프트 결과 ②

수학에서의 추상화를 설명해줘

수학에서의 추상화는 현실 세계의 다양한 개념을 간결하고 일반적인 형태로 바꾸는 과정입니다. 이를 통해 수학자는 특정한 문제나 상황을 보다 광범위하게 이해하고 해결할 수 있습니다.

가장 기본적인 예로는 숫자입니다. 우리는 "2"라는 숫자를 보고 그것이 두 개의 사과, 두 개의 연필, 두 명의 사람 등을 나타낸다고 이해합니다. 이것은 추상화의 한 형태입니다. "2"라는 숫자는 다양한 상황에서 사용될 수 있으며, 이를 통해 우리는 다양한 상황에서 동일한 수학적 개념을 적용할 수 있습니다.

또 다른 예로는 함수입니다. 함수는 입력값에 대해 특정한 출력값을 매핑하는 규칙입니다. 이러한 추상화를 통해 함수를 사용하여 다양한 현상을 모델링하고 예측할 수 있습니다. 예를 들어, 속도와 시간 사이의 관계를 나타내는 함수를 사용하여 특정 거리에 도착하는 데 걸리는 시간을 계산할 수 있습니다.

수학에서의 추상화는 개념을 단순화하고 일반화하여 보다 포괄적이고 유연한 이론을 구축하는 데 도움이 됩니다. 또한, 추상화는 수학적 문제 해결과 이해를 돕는 강력한 도구입니다. 이를 통해 우리는 복잡한 문제를 해결하기 위해 다양한 수학적 도구와 개념을 활용할 수 있습니다.

[그림 5-8] 챗GPT 프롬프트 결과 ③

2-2) 어도비 컬러(Adobe Color) 활용하기

어도비 컬러 웹을 활용하여 트렌드 동향을 살펴보고 색상 팔레트를 정하여 주요한 (main) 색상과 보조 색상을 고려하여 조합해 본다. 색의 대비와 조화를 고려하여 색상 팔레트를 조정할 수 있다.

① 어도비 컬러 검색하여 접속 → ② 로그인 → ③ 탐색 버튼 클릭 → ④ 인기 검색 → ⑤ 트렌드

\- https://color.adobe.com/ko/create/color-wheel

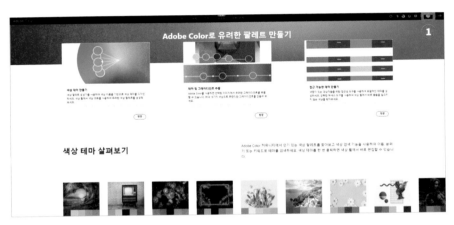

1. 어도비 컬러 검색 후 메인(main) 창으로 이동하면 Adobe Color로 유려한 팔레트 만들기 창이 나오고 로그인할 수 있다.

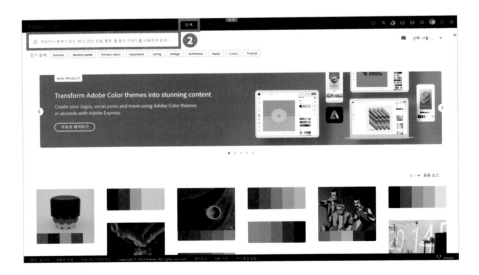

2. 예술 작품, 사진, 자연의 풍경 또는 좋아하는 색 조합 등 다양한 요소들을 탐색하여 컬러와 주제를 선정한다.

3. 인기 검색을 통해 색상이 감정과 심리에 미치는 영향에 대한 연구와 어떤 감정이나 메시지를 전달하고 싶은지 결정하여 색상의 감정적 표현을 결정한다.

4. 트렌드를 클릭하여 선택한 색상과 주제에 따라 작품의 형태와 표현을 결정한다. 각 색상이 갖는 의미와 연결성을 고려하여 작업물의 조형을 기획한다.

5. 결정된 색상과 디자인을 기반으로 추상화(백드롭페인팅) 작업을 진행한다.

2-3) 내 마음의 인상주의 추상화, 백드롭페인팅

백드롭페인팅이란? 색을 통해 심리를 반영하는 추상화라고 정의할 수 있다. 색 선택에 따라 전체적인 분위기를 완성하고 하나의 작품으로서 역할과 인테리어 소품, 제품 화보 촬영, 핸드폰 배경 화면 등 여러모로 활용도가 높다.

1. 어도비 컬러 웹에서 추출한 컬러를 직접 아크릴 물감과 모델링페이스트를 활용하여 제조한다.

2. 내 마음을 표현하는 컬러들로 나이프를 사용하여 점, 선, 면으로 표현해 본다.

3. 완성 후 건조시키는 시간이 필요하다. 보통 반죽을 얼마나 두껍게 바르느냐와 습도 수준에 따라 45분 ~ 5시간 정도 걸린다. 자연적으로 마를 때까지 기다릴 시간이 없을 경우 헤어드라이어, 오븐, 램프 등을 이용해 공정을 가속화하면 건조 시간이 크게 단축된다.

[그림 5-9] 백드롭페인팅 작업 과정

2-4) AI와 협업하기

(1) AI와 작품 설명서 만들기

1. 챗GPT를 활용하여 각 작품 설명서를 작성할 수 있다.

 [프롬프트] 봄을 표현한 그림을 퍼플핑크와 핑크색을 사용하여 백드롭페인팅 기법으로 나이프를 사용해 가로세로 터치 형식으로 그렸어, 제목과 작품 설명을 추천해 줘.

 작품 제목: "봄의 향기"
작품 설명: "봄의 향기"는 봄의 생기와 활력을 담아낸 작품입니다. 퍼플핑크와 핑크색의 조화로운 조합은 봄철 꽃들의 화려한 색감을 상징하며, 백드롭페인팅 기법과 나이프를 사용한 가로 터치는 자연의 운동성과 흐름을 표현합니다. 작품은 봄의 따뜻한 느낌과 함

께 산뜻함과 생기로움을 전달하며, 관람자에게 봄의 아름다움과 활력을 떠올리게 합니다. 이 작품은 봄의 기운이 가득한 공간에 어울리며, 자연의 아름다움과 조화를 느끼고자 하는 이들에게 특히 호감을 끌 것입니다.

2. 뤼튼, 아숙업 등을 활용하여 작품 설명서를 작성할 때 도움을 받을 수 있다.

(2) NFC 스티커와 QR 음악 넣기

NFC 스티커란? 10cm 이내의 거리에서 무선 데이터를 주고받는 통신 기술이고 상대적으로 보안이 우수하고 가격이 저렴해 주목받는 근거리 통신 기술이다. 교통카드 리더기, 삼성페이, 스마트네일, 전자명함 등 쉽고 빠른 정보를 제공해 준다.

[그림 5-10] NFC 스티커 이미지

1. 작품 설명서를 뤼튼, 챗GPT와 협업하여 작성한 영상을 유튜브에 업로드하여 링크를 만들거나 스크래치에서 코딩하여 메시지 카드를 만들어 링크를 만들어 놓는다.

2. NFC 스티커를 구매한 후 핸드폰 설정에서 기본 모드를 체킹한다.

1장

2장

3장

4장

5장

6장

7장

8장

3. NFC Tools 앱을 다운로드하여 ①, ②, ③, ④ 순서대로 태그에 쓰기를 완료한다.

4. NFC 스티커에 태그하여 링크가 올바르게 오픈되는지 체크한다.

5. AI 작곡 음원과 작품 설명, 이미지를 영상으로 만든 링크를 NFC 스티커뿐만 아니라 네이버 QR로도 생성하여 전시 라벨 작업에 사용한다.

QR check!

[그림 5-11] NFC 스티커에 스크래치 메시지 카드 실행   [QR 5-11] NFC 아트

김지영 | ... 그리고 봄
재료: 아크릴물감 모델링페이스트

우아한 봄의 아침, 백드롭페인팅으로
자연의 아름다움을 극대화하여 표현한
작품연한 컬러와 부드러운 빛으로
단아하면서도 화려한 봄의 분위기를 표현
순수하고 신선한 봄의 감동을 강조하여,
감상자에게 자연의 아름다움과 삶의
신선함을 느끼게 하는 동시에 평온함을
전하고자 합니다.

이혜영 | 별빛 속의 내 밤
재료: 아크릴물감 모델링페이스트

강렬한 색채와 부드러운 빛으로 감성을
강조하고 고흐의 화려한 색감을 재해석하여
작품을 통해 내 안의 평온함과 자유로움을
전해 감상자들에게 소소한 행복을 전합니다.

서은석 | 봄의 향기
재료: 아크릴물감 모델링페이스트

봄의 활기찬 아침, 화사하고 생동감 넘치게
표현한 꽃들의 향기를 담은 작품으로
생명력이 넘치는 봄의 아름다움을
강조하며, 꽃의 활기와 향기가 감상자에게
희망과 기쁨을 전하도록 디자인하였습니다.

김미경 | 봄을 기다리는 겨울하늘
재료: 아크릴물감 모델링페이스트

차가운 겨울 하늘에 봄을 기다리며 강렬한 파란
하늘과 햇살을 받은 눈의 반짝임! 추위 속에서도
봄의 희망과 기다림이 느껴지며, 겨울의 어둠을
밝히는 봄의 아름다움에 대한 감사의 미소를
전하고자 합니다

[그림5-12] 작품 설명 이미지

QR check!

[QR 5-12] 작품 해설
실행 작동 영상

1장

2장

3장

4장

5장

6장

7장

8장

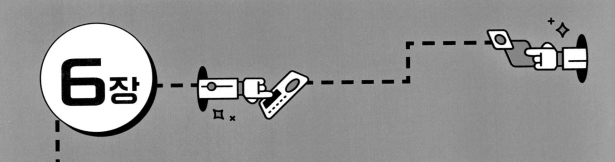

6장

AI 인터렉티브 아트

---

1. AI 아트하우스

   집에 왔을 때, 문을 열어 주고 불을 밝혀 나를 반겨 주는 집이 있다면 어떨까? AI 기술을 활용해 이런 기능을 가진 나만의 아트하우스를 만들어 보자. 종이 박스를 재활용하거나 MDF를 재단해 집의 형태를 만들어 연결해 아트하우스를 만든다. AI 렌즈와 서보모터를 사용해 AI 렌즈로 학습한 사용자가 인식되면 자동으로 출입문을 열고 조명이 켜지도록 네오픽셀을 더해 나만의 아트하우스를 완성한다. 먼저 작품에 활용할 허스키렌즈(HuskyLens)와 아두이노(Arduino) 회로에 대해 알아보자.

1-1) AI 얼굴 인식

허스키렌즈는 얼굴 인식, 객체 추적, 객체 인식, 선 추적, 색상 인식, 태그 인식 및 객체 분류 등 7가지 내장 기능을 갖춘 사용하기 쉬운 AI 머신 비전 센서이다. 아두이노와 연결해 복잡한 알고리즘을 사용하지 않고도 매우 창의적인 프로젝트를 만들 수 있다.

(1) 허스키렌즈 사용하기

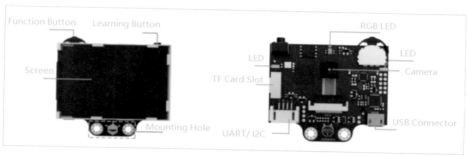

[그림 6-1] 허스키렌즈 모양

허스키렌즈에는 기능(Function) 버튼과 학습(Learning) 버튼, 두 개의 버튼이 있다. 이 두 버튼의 기본 작동은 다음과 같다.

1. 다른 기능을 전환하려면 기능(Funtion) 버튼을 왼쪽이나 오른쪽으로 돌린다.
2. 학습(Learning) 버튼을 짧게 눌러 지정된 객체를 학습한다.

3. 기능 버튼을 길게 누르면 현재 기능의 2단계 메뉴로 들어갈 수 있다.

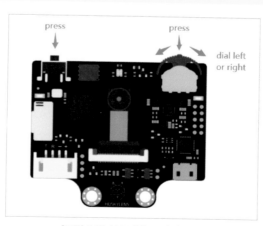

[그림 6-2] 허스키렌즈 뒷면 상세

(2) 허스키렌즈로 얼굴 학습하기

허스키렌즈의 얼굴 인식(Face Recognition) 기능으로 얼굴 윤곽을 감지하고, 학습된 얼굴을 인식할 수 있다.

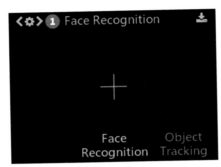

1. 동작 및 설정: 화면 상단에 "얼굴 인식"이라는 단어가 표시될 때까지 기능 버튼을 왼쪽으로 돌린다.

2. 얼굴 감지: 허스키렌즈로 얼굴을 본다. 얼굴이 감지되면 화면에 "Face"이라는 단어가 있는 흰색 프레임이 자동으로 나타난다.

3. 얼굴 학습: 얼굴에 "+" 기호가 나타날 때 "학습 버튼"을 짧게 눌러 얼굴을 학습한다.

4. 허스키렌즈에서 동일한 얼굴을 감지하면 화면에 "Face: ID1"이라는 단어가 있는 파란색 프레임이 표시되어 허스키렌즈가 얼굴을 학습했으며 이제 인식할 수 있음을 나타낸다.

5. 학습한 얼굴 지우기: 화면 중앙에 "+" 기호가 없으면 허스키렌즈가 현재 기능에서 이미 얼굴을 학습했다는 의미이다. 다른 얼굴을 인식하거나 얼굴 정보를 다시 입력하려면 현재 얼굴 정보를 삭제해야 한다.

허스키렌즈가 얼굴 인식 모드에 있을 때, "학습 버튼"을 짧게 누르면 화면에 "Click again to Forget!"이 표시된다. 카운트다운이 끝나기 전에 "학습 버튼"을 다시 짧게 누르면 이전에 학습된 얼굴 정보가 삭제되고 노란색 "+" 기호가 표시된다. 그러면 다시 허스키렌즈가 새로운 얼굴을 학습할 수 있다.

1-2) 아두이노 with 챗GPT

아두이노와 다른 모듈을 함께 사용하면 AI 렌즈에 학습된 사용자를 지정해 출입을 허가하는 보안 시스템을 만들 수 있다. 아두이노를 사용해서 허스키렌즈에 학습된 얼굴이 인식될 경우 서보모터를 움직여 문을 열고 네오픽셀, 부저를 작동해 출입 허가를 표시하도록 차단기를 조작한다. 아두이노 코딩 중 오류가 발생한 부분은 챗GPT의 도움을 받아 디버깅해 보자.

(1) 준비물

허스키렌즈, 서보모터, 네오픽셀, 부저, 브레드보드, 아두이노, 점퍼케이블, 9V 배터리팩, 아두이노 IDE

(2) 아두이노에서 허스키렌즈 사용하기

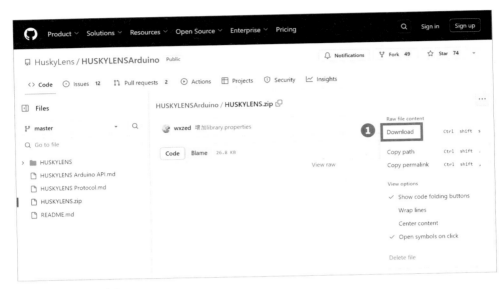

1. 라이브러리 다운로드

- https://github.com/허스키렌즈/HUSKYLENS아두이노/blob/master/HUSKYLENS.zip

위 링크로 직접 접속해 HUSKEYLENS.zip 파일을 다운로드할 수도 있고 [github husky lens.zip]을 검색해 검색 결과 중 [허스키렌즈/HUSKYLENS아두이노]을 선택한 후 HUSKY LENS.zip을 클릭해 다운로드할 수 있다.

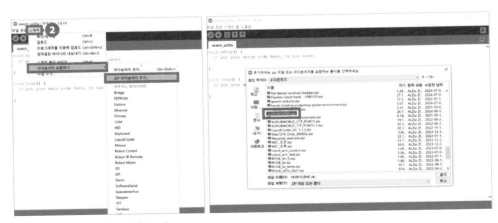

2. 아두이노 라이브러리 추가

스케치 → 라이브러리 포함하기 → .ZIP 라이브러리 추가 → HUSKYLENS.zip

3. 아두이노와 허스키렌즈 연결하기(I2C) 허스키렌즈에는 T, R, -, + 4개의 케이블이 연결된다. I2C 통신을 사용하기 위해 T는 아두이노의 SCL, R은 SDA, -는 GND, +는 5V에 연결한다. 허스키렌즈의 General Setting에서 Protocol Type을 I2C로 설정하고 저장한다.

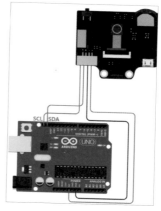

[그림 6-3] 회로도

4. 아두이노 IDE에서 파일 → 예제 → HUSKYLENS → HUSKYLENS_I2C 파일을 열고 아두이노에 업로드한 후, 시리얼 모니터를 통해 허스키렌즈가 인식한 얼굴에 대한 정보가 잘 전달되는지 확인한다.

(3) 아두이노에 모듈 연결하기

1. 회로도와 같이 아두이노와 브레드보드에 허스키렌즈, 서보모터, 네오픽셀, 부저를 연결한다.

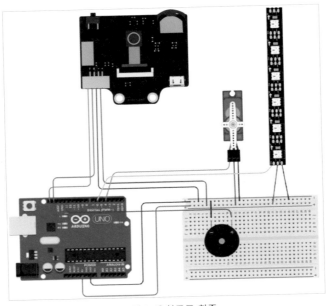

[그림 6-4] 회로도 최종

2. 아래의 QR코드 또는 URL(https://bit.ly/artHouse_code)로 소스코드 AI_artHouse.ino를 다운로드하여 아두이노 IDE에서 아두이노 보드에 업로드한다. 이 코드는 허스키렌즈에 보이는 얼굴이 학습된 얼굴일 경우 서보모터가 움직여 문을 열고 출입 상태를 알리기 위해 부저를 울리고 네오픽셀을 켠다.

단, 이 코드를 정상적으로 컴파일-업로드하려면 허스키렌즈와 네오픽셀 라이브러리를 설치해야 한다. 네오픽셀 라이브러리를 설치하려면 상단 메뉴 중 툴 → 라이브러리 관리 → 라이브러리 매니저에서 'neopixel'을 검색하고 Adafruit NeoPixel을 install 한다. 허스키렌즈 라이브러리 설치 방법은 1-2) (2) 아두이노에서 허스키렌즈 사용하기에 설명되어 있다.

QR check!

[QR 6-1]
아트하우스 소스코드

(4) 생성형 AI 활용해 디버깅하기

아두이노 코딩 중 발생하는 오류를 생성형 AI를 활용해 디버깅해 보자. 실제로 코딩 과정 중 부저음이 제대로 출력되지 않는 오류가 발생해 그에 대해 챗GPT에 프롬프팅한 내용이다. 내가 코딩하려는 내용과 오류가 발생한 부분에 대해 자세하게 기술하고 해당하는 코드 부분을 복사해 붙여 넣는다.

다음의 아두이노 코드에서 result.ID가 1이면 도,미,솔 부저가 출력되어야 하는데 도,미 까지만 출력됩니다. 이유가 무엇일까요?

```
void printResult(HUSKYLENSResult result){
    if (result.command == COMMAND_RETURN_BLOCK){

Serial.println(String()+F("Block:xCenter=")+result.xCenter+F(",yCenter=")+result.yCenter+F(",width=")+result.width+F(",height=")+result.height+F(",ID=")+result.ID);
        if(result.ID == 1){
            Serial.println("Open the door!");
            myservo.write(0);
            tone(buzzerPin, 262, 500);
            delay(200);
            tone(buzzerPin, 330, 500);
            delay(200);
            tone(buzzerPin, 392, 500);

            pixels.clear();
            rainbow(20);

            Serial.println("close the door!");
            myservo.write(90);
            pixels.clear();
            pixels.show();
        }
    }
}
```

[그림 6-5] 챗GPT를 활용한 디버깅 ①

[그림 6-6] 챗GPT를 활용한 디버깅 ②

프롬프팅 내용을 참고해 코드를 수정하고 다시 테스트한다.

1-3) 아트하우스 만들기

아트하우스 출입문이 서보모터의 움직임에 따라 열리도록 서보모터의 날개가 움직이면서 문이 열리고 닫힐 수 있는 위치에 서보모터를 고정하고 아트하우스의 전면에 구멍을 내어 허스키렌즈의 렌즈가 바깥쪽을 향하도록 구멍에 맞춰 고정한다. 네오픽셀과 아두이노, 브레드보드는 아트하우스 안쪽으로 넣어 숨겨 준다. 허스키렌즈에 보이는 얼굴에 따라 각 모듈이 제대로 작동하는지 테스트한다.

[그림 6-7] AI 아트하우스 상세 사진

QR check!

[QR 6-2]
아트하우스 상세 영상

허스키렌즈와 서보모터가 작동하려면 아두이노 기본 전원으로는 부족하기 때문에 추가 전원을 공급한다. 작동 중 허스키렌즈가 꺼지거나 서보모터의 움직임이 이상하다면 허스키렌즈에 직접 보조 배터리를 연결해 전원을 안정시켜 준다.

[그림 6-8] AI 아트하우스 완성 사진

QR check!

[QR 6-3]
AI 아트하우스 작동 영상

2. AI 음성인식 아트 with 마이크로비트(micro:bit)

정크 아트는 일상생활에서 쓰임을 다한 것들을 활용하는 예술이다. 쓰지 않는 스마트폰, 노트북 또는 아두이노 회로에 사용했던 모듈을 활용한 정크 아트는 예술적 창의성에 환경 보호라는 의미를 더해 좋은 작품이 된다.

[그림 6-9] 폐 노트북 분해

캔버스에 클림트의 생명의 나무를 그리고 폐센서로 입체감을 더한 후 AI 음성 인식 센서와 마이크로비트(micro:bit)를 활용해 음성 명령으로 LED 스트링을 점등하면 나만의 인터렉티브 아트(Interactive Art)로 재탄생할 수 있다. 먼저 작품에 활용할 마이크로비트와 AI 음성 인식 센서에 대해 알아보자.

2-1) 마이크로비트와 AI 음성 인식 센서

(1) 마이크로비트

마이크로비트는 여러 가지 센서가 내장된 보드로 확장 보드를 연결해 여러 가지 센서와 모듈을 활용할 수 있고 메이크코드(makecode) 블록 코딩으로 간단히 코딩해 프로젝트를 완성할 수 있다.

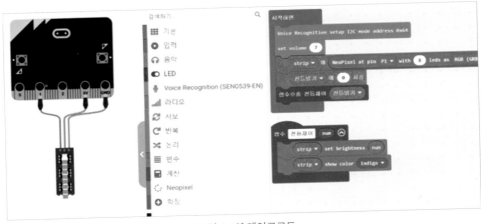

[그림 6-10] 메이크코드

(2) AI 음성 인식 센서

음성 인식은 음성 신호를 인식하고 분석을 통해 편집 가능한 텍스트 또는 운영 명령으로 변환하는 기술이다. 이를 통해 사람들은 마우스, 키보드 또는 기타 입력 장치를 사용하지 않고도 말을 통해 컴퓨터와 상호 작용할 수 있다. 음성 인식 기술은 음성 지원, 스마트 홈, 음성 검색 및 음성 인식 노트북과 같은 응용 프로그램에서 널리 사용된다. 예를 들어, 음성 인식 센서를 사용하면 수동으로 창을 조작할 필요 없이 미리 설정된 명령어 "close the window"로 창문을 닫을 수 있다.

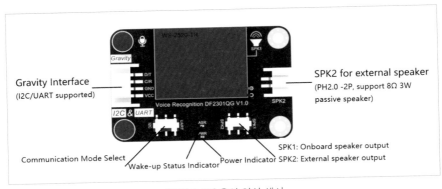

[그림 6-11] 음성 인식 센서

이 프로젝트에서는 DFRobot의 음성 인식 센서에 기본적으로 학습된 명령어를 사용해 간단하게 코딩한다.

2-2) 생명의 나무 만들기

(1) 재료 준비

LED 구리 와이어 스트링(빨/파/녹색 각 1개씩), 마이크로비트, 마이크로비트 확장 보드, 음성 인식 센서, 마스킹테이프(LED 스트링 고정용), 건전지, 마이크로비트 배터리팩, 폐센서

❶ LED 스트링: 온라인 쇼핑몰에서 '구리와이어led'로 검색해 10~20개 정도의 LED가 연결된 제품을 찾고 작동 전압 3V를 확인한다. 배터리팩이나 스위치가 달려있는 제품을 구매해 배터리팩, 스위치를 분리하고 케이블만 남겨서 사용한다.

❷ 음성 인식 센서: 언어 학습이 가능하고 사용이 간단한 음성 인식 센서를 사용한다. 이 프로젝트에서는 DFRobot의 음성 인식 센서를 사용한다.

❸ 마이크로비트 보드: LED와 음성 인식 센서는 마이크로비트 버전과 상관없이 사용할 수 있다. (2.0 이상의 버전에는 터치 센서, 마이크, 스피커가 내장되어 있다.)

❹ 마이크로비트 확장 보드: LED 스트링과 음성 인식 센서를 마이크로비트와 연결하기 위해서 확장 보드를 사용한다.

❺ 건전지, 배터리팩 또는 보조 배터리: 마이크로비트를 PC와 분리해 그림과 함께 독립적인 작품으로 작동하기 위해서 필요하다.

❻ 폐센서: 폐노트북, 폐스마트폰을 분해해 얻은 부속품이나 아두이노, 마이크로비트와 연결해 사용하던 작동하지 않는 센서들을 모아서 준비한다. 저항이나 점퍼 케이블도 사용할 수 있다.

(2) 그림 그리기

코파일럿(copilot) 프롬프팅으로 클림트의 생명의 나무 선 스케치를 얻는다. 다른 생성형 AI 툴을 사용하거나 내가 원하는 다른 그림의 선 스케치를 준비해도 좋다.

> 🤖 **[프롬프트]** 클림트의 생명의 나무 선 스케치를 그려줘. 나무의 가지 끝의 꼬임이 잘 보이도록 하고 선은 최소화해 줘. 스케치는 흑백으로 표현해 줘.

생성 결과를 참고해 캔버스에 스케치하고 아크릴 물감이나 아크릴 펜을 사용해 채색한다. 준비한 폐센서나 케이블, 컴퓨터 부속 등을 활용해 그림을 입체적으로 꾸민다.

[그림 6-12] 생명나무 페인팅

[그림 6-13] 생명나무 폐센서

(3) LED 스트링 준비하기

구매한 LED 스트링에서 배터리 부분을 분리하고 마이크로비트 회로에 연결할 수 있는 상태로 만든다.

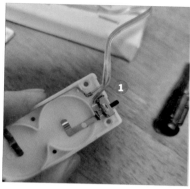 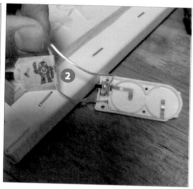

1. LED 스트링 배터리 부분에서 케이블을 분리하기 위해 배터리를 열어 살펴본 후 어느 부분을 절단할지 결정한다.

2. 반드시 분리하기 전에 건전지와 연결된 케이블의 +, - 극을 구분해서 이름표를 붙여 놓아야 한다.

 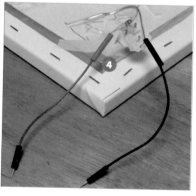

3. 분리한 LED의 +, - 케이블을 점퍼 케이블과 연결한다. 마이크로비트 확장 보드의 연결 부분을 확인하고 알맞은 점퍼 케이블을 선택해 연결한다.

4. 케이블 연결 부분은 납땜 후 수축 튜브로 감싸거나 납땜이 어려울 경우 케이블 끝을 잘 꼬아서 연결한 후 절연 테이프를 둘러 마무리한다.

2-3) 내 음성으로 반짝이는 나무

(1) 회로 구성하기

마이크로비트 확장 보드를 사용해 LED 스트링들과 AI 음성 인식 센서를 알맞은 핀에 연결한다.

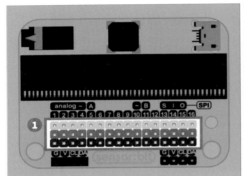 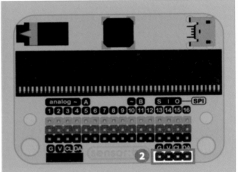

1. 확장 보드에 LED 스트링을 연결한다. LED 스트링 케이블의 +는 확장 보드 해당 번호의 노란색 핀에, -는 검은색 핀에 연결한다.
빨간색, 파란색, 초록색 LED 스트링을 다른 번호의 핀에 각각 연결한다.
빨간색 LED는 1번 노란색 핀, 초록색 LED는 2번 노란색 핀, 파란색 LED는 3번 노란색 핀에 연결한다. 각 LED 스트링의 -는 각 번호의 검은색 핀에 연결한다.

2. AI 음성 인식 센서는 확장 보드 SCL, SDA 핀에 연결한다.

[그림 6-14] 확장 보드 연결

(2) 마이크로비트 코딩하기

1. 우측의 QR코드나 URL(https://bit.ly/microbitTree)로 마이크로비트_생명의나무.hex 파일을 다운로드한다.

QR check!

[QR 6-4]
생명나무 소스코드

2. [새 프로젝트]로 코딩 창을 열고 마이크로비트_생명의나무.hex 파일을 드래그앤드롭 하거나 [가져오기]로 마이크로비트_생명의나무.hex 파일을 열 수 있다. 이 코딩은 인식된 음성 명령에 따라 LED 스트링을 on/off 한다. 음성 명령은 음성 인식 센서에 이미 학습되어 있는 명령어를 사용한다.

3. 코딩 창에 열린 코딩 내용을 마이크로비트에 다운로드하기 위해 [다운로드] 옆 메뉴에서 [장치 연결]을 선택해 페어링한다.

1장

2장

3장

4장

5장

6장

7장

8장

4. 페어링이 완료되면 [다운로드]를 클릭해 코딩한 내용이 마이크로비트로 다운로드 되는 것을 확인한다.

5. 마이크로비트를 각 모듈이 연결된 확장 보드에 끼운다.

QR check!

[QR 6-5]
생명나무 회로작동

6. 전원이 연결되면 음성 인식 센서가 작동한다. "Hello, Robot" 명령어로 음성 명령 모드를 시작한다. 명령어가 인식되면 음성 인식 센서가 "ok"라고 반응하고 명령어에 해당하는 동작을 수행한다. 6개의 명령어를 모두 테스트해서 제대로 작동하는지 확인한다.

명령어	작동
Hello, Robot	음성 인식 센서 작동 준비
Turn on the light	red, green, blue 모두 켜짐
Turn off the light	red, green, blue 모두 꺼짐
Set to red	red만 켜짐
Set to green	green만 켜짐
Set to blue	blue만 켜짐

(3) 그림에 회로 고정하기

LED 스트링들을 그림에 설치하고 마이크로비트를 끼운 확장 보드와 배터리팩을 알맞은 위치에 고정한다.

1. 마이크로비트를 그림이 그려진 캔버스에 설치해 독립적으로 작동되도록 배터리팩을 연결한다. AI 음성 인식 센서와 LED 스트링들이 안정적으로 작동하기 위해 확장 보드의 USB 커넥터에 보조 배터리를 연결하는 것이 좋다.

2. 그림에 LED 스트링이 위치할 부분에 구멍을 뚫어 LED를 끼우고 캔버스 뒷면에서 마스킹테이프 또는 글루건으로 고정한다. 구멍을 뚫지 않고 뒷면에 고정해 은은하게 비치게 할 수도 있다.

3. AI 음성 인식 센서는 사용자의 음성 명령을 인식해야 하므로 마이크의 위치를 고려해 적절한 위치에 고정한다.

4. 음성 명령으로 LED 스트링을 색깔별로 점등시켜 보고 작동 상태를 테스트한다. 제대로 작동하지 않으면 케이블 연결, 센서 인식 상태, 블록 코딩을 다시 확인한다.

QR check!

[QR 6-6]
생명나무 최종 영상

3. AI 자율주행 아트 with 마퀸

3-1) 마이크로비트 마퀸

[그림 6-16] 마이크로비트 마퀸

마퀸(Maqueen)은 코딩 교육용으로 제작된 마이크로비트 전용 RC카이다. DC모터, LED, 적외선 센서, 스피커가 장착되어 있다. 트래킹 센서를 통해 라인 트레이싱이 가능하고 초음파 센서 장착을 통한 장애물 감지 등의 기능을 추가하여 교육용 스마트 자동차를 쉽게 구현해 볼 수 있다.

[그림 6-17] 마퀸 구조

3-2) 3D 프린터로 펜 홀더 만들기

(1) 3D 프린팅

3D 프린팅이란 3차원의 모델링 데이터를 한층 한층(Layer by Layer) 쌓아 올려 실제 형상을 빠르게 만드는 과정이다. 이 기술은 다양한 산업 분야에서 혁신을 일으키고 있으며 인공지능과 더불어 4차 산업혁명(Fourth industrial revolution) 시대를 이루는 주요 기술 중 하나이다.

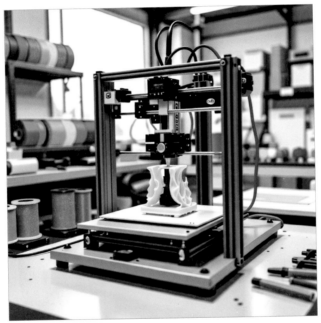

[그림 6-18] 3D 프린팅 (뤼튼 생성 이미지)

3D 프린팅은 재료를 적층하여 만들기 때문에 기존의 절삭 방식으로는 제조가 불가능한 복잡한 형상도 제작이 가능하다. 이는 디자인의 자유도를 높여 새로운 형태의 제품 개발을 가능하게 한다. 재료 역시 다양하게 사용할 수 있어 산업 분야 외에도 의료, 항공우주, 건축, 패션, 예술, 요리 등에서 활용 가치가 매우 높다.

[그림 6-19] 3D 프린팅 푸드 (뤼튼 생성 이미지)

[그림 6-20] 3D 프린팅 패션 (구글 줄리아 코너)

교육용으로도 3D 프린터의 사용이 늘면서 공공기관에서 운영하는 메이커스페이스를 어렵지 않게 찾아볼 수 있다. 이곳을 방문하면 무료로 출력이 가능하고 간단한 도움도 받을 수 있어 초보자라도 편리하게 이용 가능하다.

유료 서비스로는 출력 대행 업체를 이용할 수 있다. 오프라인 출력소는 대학가에 주로 위치해 있고, 온라인 업체는 모델링 파일을 업로드하면 출력 후 택배로 보내 주는 방식으로, 출력 시간이나 필라멘트 사용량에 따라 요금을 받는다.

[그림 6-21] 팅커캐드(Tinkercad)

3D 프린팅을 하기 위해서는 먼저 3D 모델을 만들어야 한다. 이를 위해 다양한 소프트웨어가 출시되어 있으며, 이 책에서는 초보용 무료 소프트웨어인 팅커캐드(Tinkercad)를 사용하였다. 온라인 기반이고 저학년 교육용으로 개발된 만큼 익히기가 쉽고 사용법이 단순하여 누구나 간단하게 필요한 모델링을 할 수 있는 장점이 있다.

(2) 펜홀더 만들기

마퀸 자동차를 조정해 캔버스에 그림을 그리기 위해서는 자동차에 펜을 고정 시켜야 한다. 이를 위해 3D 프린터로 펜 홀더를 만들어 보자.

❶ 모델 구상 및 스케치: 마퀸 자동차에 펜을 어떻게 고정시킬 것인가를 구상하여 생성형 AI인 오토드로우에 형상을 스케치한다. 홀더는 마퀸 자동차 보드 뒷면에 끼워 넣어 고정시키는 형태이다. 펜을 홀더에 고정시키기 위해 벨크로를 사용하기로 하고 기둥 부분에 벨크로를 감쌀 고리를 만들어 준다. 모델의 대략적인 크기를 측정하여 기록한다.

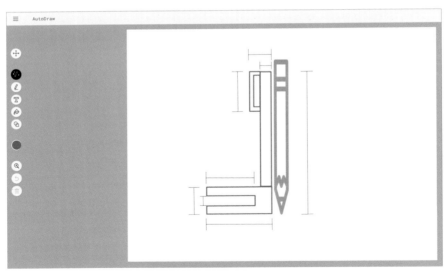

[그림 6-22] 모델 스케치 이미지 (오토드로우)

❷ 3D 모델링: 스케치를 바탕으로 3차원 모델을 만들기 위해 팅커캐드 프로그램을 이용한다.

1. 크롬 브라우저에서 팅커캐드를 열어 간단한 정보를 입력하고 가입한다. 로그인 후 대시보드 화면 오른쪽 +만들기를 클릭하고 3D 디자인을 선택하여 작업 평면을 열고 모델링을 시작한다.

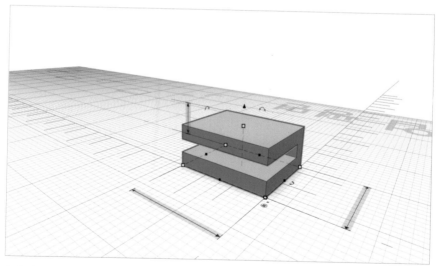

2. 마퀸 자동차 보드에 끼워서 고정시킬 부분을 만든다. 전체적인 크기는 보드에 장착할 공간의 크기를 재어 참고하였고, 끼워지는 부분은 보드의 두께를 측정 후 +1mm가량 공차를 주었다.

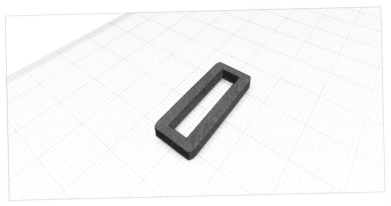

3. 벨크로를 고정시킬 고리는 사용할 벨크로의 크기와 두께를 참고하여 모델링하였다.

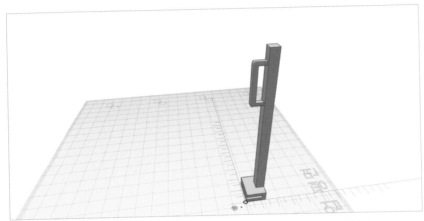

4. 펜의 길이를 감안하여 안정적인 높이를 예측해 펜홀더 모델링을 완성한다.

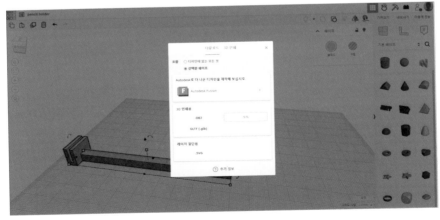

5. 모델링을 완성한 후에는 출력하기 좋은 형태로 모델을 회전시키고 내보내기 메뉴의 STL 파일의 형태로 저장한다.

❸ 슬라이싱: 슬라이싱이란 3D 프린팅을 하기 위해서 3D 모델링한 형상을 출력이 가능한 형태로 설정해 주는 작업이다. 출력을 위한 환경 값과 레이어별로 좌표를 g-code 형식으로 변환해 준다.

3D 슬라이서는 3D 프린터 회사에서 자체적으로 제공하는 프로그램을 사용하거나, 큐라(Cura)와 같은 무료 프로그램을 다운로드하여 사용할 수 있다.

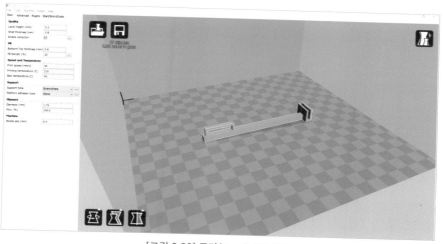

[그림 6-23] 큐라(Cura) 슬라이싱

❹ 출력 및 후가공: 슬라이싱을 통해 변환된 g-code 파일로 출력한다. 출력이 완성된 후에 지저분한 표면을 정리하고 사포나 아크릴 물감 등을 이용해 후가공할 수 있다.

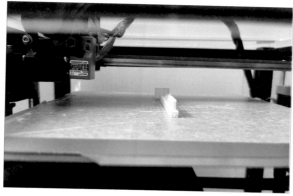

[그림 6-24] 출력

3-3) 칸딘스키 작품 그려보기

마이크로비트의 라디오 통신 기능을 이용하면, 2대의 마이크로비트 중 하나를 리모컨으로 활용해 RC 자동차를 조정할 수 있다. 마퀸 자동차에 펜을 장작하고 리모컨으로 조정해 칸딘스키 스타일의 그림을 표현해 보자.

(1) 준비물

마이크로비트 2대(리모컨, 마퀸 장착용), 배터리팩, 마퀸, 펜홀더, 펜, 종이

(2) 마이크로비트 코딩하기

마퀸 자동차의 움직임을 제어하기 위해 메이크코드(makecode.microbit.org)에 접속하여 자유롭게 프로그래밍한다. 코딩이 완료되면 송수신용 각각의 마이크로비트에 업로드하고 리모컨용 마이크로비트는 배터리팩을 연결하고, 수신용 마이크로비트는 마퀸 자동차에 장작하여 준비한다.

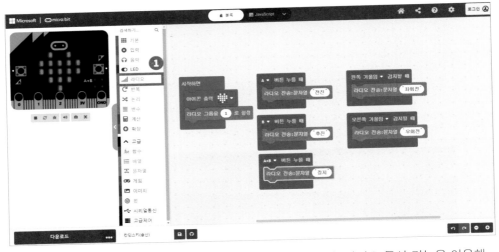

1. 리모컨으로 사용할 송신용 마이크로비트를 위한 코딩이다. 라디오 통신 기능을 이용해 마퀸 자동차와 통신하고 버튼과 기울임 센서를 통해 움직임을 제어한다.

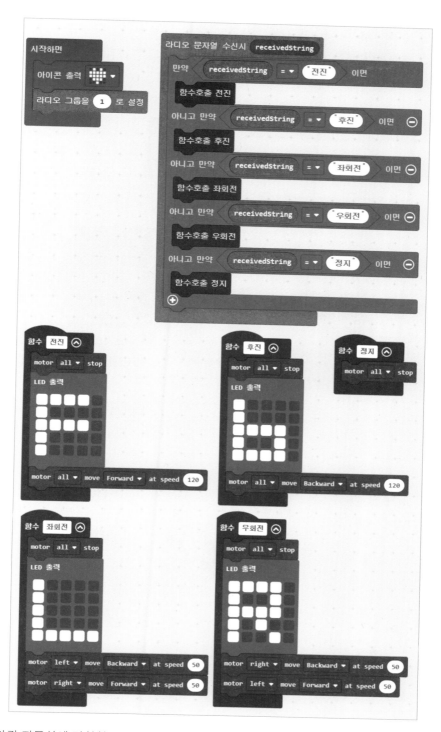

1장

2장

3장

4장

5장

6장

7장

8장

2. 마퀸 자동차에 장착할 수신용 마이크로비트 코딩이다. 리모컨을 통해 신호를 받았을 때
전진, 후진, 좌회전, 우회전, 정지에 해당하는 함수를 호출해 자동차를 움직인다.

(3) 마퀸으로 칸딘스키 작품 그리기

준비된 마퀸 자동차에 3D 프린터로 출력한 펜홀더를 장착한다. 넓은 종이를 펼쳐 마퀸 자동차를 조정해 칸딘스키 풍의 그림을 그린다.

[그림 6-25] 리모컨, 마퀸 자동차(펜홀더 장착)

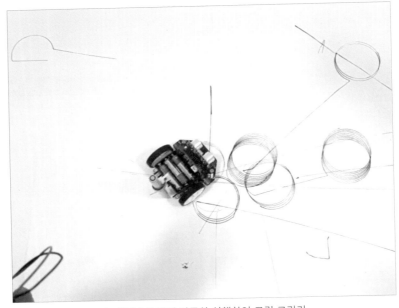

[그림 6-26] 마퀸 자동차 실행하여 그림 그리기

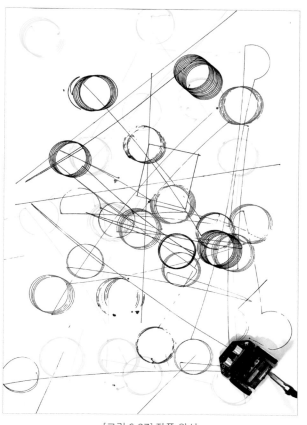

[그림 6-27] 작품 완성

[그림 6-28] 마퀸 칸딘스키 협업 활동 이미지

QR check!

[QR 6-7]
마이크로비트 마퀸
칸딘스키 그림
그리기 작동 영상

7장

인터렉티브 아트 앱 만들기

1. 전시를 설명하는 도슨트 앱 만들기

1-1) 도슨트란?

도슨트란 박물관이나 미술 전시에서 관람객들에게 작품이나 전시를 설명하는 사람을 뜻한다. 전시 관람을 할 때, 도슨트를 경험하게 되면 작품의 시대적 배경, 작가의 의도 등 다양한 정보를 더해서 관람을 더욱 풍부하게 만들어 준다.

도슨트가 직접 전시를 설명하며 움직이는 것을 따라 다른 사람들과 함께 이동하며 들을 수도 있고, 오디오 도슨트 기기를 대여하여 자유롭게 전시를 관람하며 청취할 수도 있다. 최근에는 앱을 다운로드하여 전시 프로그램을 구매하면 내 스마트폰과 이어폰을 사용하여 도슨트를 들을 수 있다.

도슨트 앱을 만들기 위해서는 앱으로 제공하고 싶은 기능을 생각해야 한다. 어떤 기능이 필요한지 잘 모르겠다면 기존에 나와 있는 도슨트 앱을 사용해 보고 기능을 추가하면 된다. 예를 들어, 플레이스토어에서 '수원시 박물관'이란 앱을 검색해서 살펴보자.

[그림 7-1] '수원시 박물관' 앱 검색

이 앱은 수원시의 박물관 세 군데의 도슨트를 확인할 수 있고, 선택한 박물관의 도슨트를 다운로드해서 들어볼 수 있다.

[그림 7-2] 수원시 박물관 앱

'수원시 박물관' 앱을 참조해서 작품 목록, 작품 사진, 작품 설명, 음성 지원 기능이 있는 앱을 기획해 볼 수 있다.

1-2) 앱 인벤터

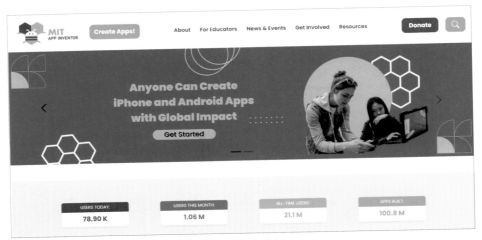

[그림 7-3] 앱 인벤터

앱 인벤터는 MIT 미디어랩에서 제공하는 앱 개발 플랫폼이다. 교육을 목적으로 개발되어서 블록 코딩 기반으로 초보자나 학생들이 쉽게 접근할 수 있다. 다양한 컴포넌트들이 제공되고, 실시간으로 스마트폰에서 테스트가 가능해서 쉽고 빠르게 안드로이드 앱을 개발할 수 있다. 현재는 IOS 기반에서도 테스트가 가능하지만 아직 지원이 되지 않는 기능들도 있다.

앱 인벤터는 따로 회원 가입 없이 구글 계정이 있으면 로그인이 가능하다. 구글의 연령 제한 규정에 따라 어린 학생들의 경우 로그인이 불가능할 수도 있다.

(1) 언어 선택

앱 인벤터는 영어로 구성되어 있지만 다양한 언어를
지원한다.

1. 오른쪽 상단 메뉴에서 [English ▼]를 클릭한다.

2. 다양한 언어 중 한국어를 선택한다.

(2) 새 프로젝트 만들기

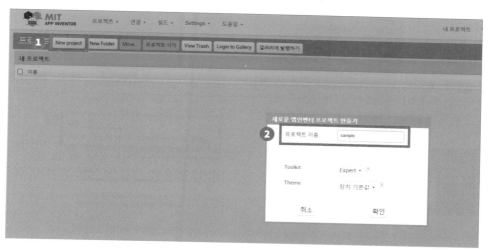

1. [New project]를 클릭한다.

2. 프로젝트 이름은 반드시 영어로 시작되어야 하고 숫자와 밑줄(_)을 넣어 만들 수 있다.
프로젝트 이름은 한글을 사용할 수 없고, 공백도 들어갈 수 없다.
프로젝트를 만들면 기본적으로 하나의 스크린이 생성이 된다. 앱 인벤터에서의 작업은 크게
화면 디자인과 블록 코딩으로 구분할 수 있고, 이 각각의 작업은 다른 화면으로 나뉘어져 있
다.

1장

2장

3장

4장

5장

6장

7장

8장

(3) 디자이너

❶ 팔레트: 앱 인벤터에서 제공하는 다양한 컴포넌트들이 있다. 디자인과 목적에 맞게 적절한 컴포넌트를 클릭해서 뷰어로 드래그 앤 드롭 하면 컴포넌트를 추가할 수 있다.

❷ 뷰어: 스마트폰 화면과 똑같이 생긴 뷰어에는 컴포넌트를 추가할 수 있다. 컴포넌트의 특징에 따라 뷰어 화면에 보이는 것도 있고 '보이지 않는 컴포넌트'로 하단에 추가되는 것이 있다. 뷰어를 사용해서 스마트폰 화면에 어떻게 보일지 대략적인 디자인을 할 수 있으며, 액정의 크기와 운영체제 버전을 선택하여 디자인에 참조할 수 있다.

❸ [All Components]: 스크린에 추가된 컴포넌트들을 모두 확인 가능하다. 컴포넌트를 삭제하거나 컴포넌트의 이름을 바꾸어 주는 기능도 있다.

❹ 미디어: 앱 개발을 위해 사용되는 소리나 이미지 파일을 업로드하면 업데이트되며 삭제, 추가할 수 있다.

❺ 속성: 컴포넌트를 선택할 때마다 바뀌는 부분으로 각 컴포넌트가 가지는 속성을 보여 주고 설정할 수 있다.

(4) 블록

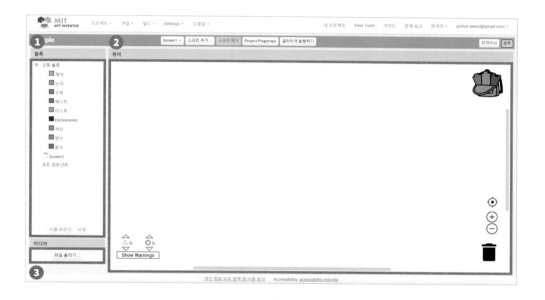

❶ 블록: 기본적으로 코딩에 필요한 공통 블록과 컴포넌트를 추가하면 추가된 컴포넌트가 가지는 블록이 보인다.

❷ 뷰어: 실제 블록 코딩을 하는 곳이다. 블록을 클릭해서 뷰어로 드래그 앤 드롭한다.

❸ 미디어: 디자이너 창의 미디어와 같다.

1-3) 도슨트 앱 만들기

앱을 만들기 전에 사용자가 앱을 사용하는 과정, 사용자 시나리오를 만들어야 한다.

1. 앱을 실행하면 처음 화면에서 전시를 나타낼 수 있는 이미지나 주제를 보여 준다.

2. 두 번째 화면에서는 전시에서 소개하고 설명하고 싶은 작품의 목록을 보여 준다.

3. 작품 목록 중 한 작품을 선택하면 작품의 이미지와 작가, 작품 설명을 보여 주고 들려 줄 수 있다.

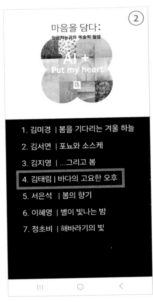

4. ① → ② → ③ 순서대로 실행하고 뒤로 가기를 누르면 목록으로 돌아가고, 목록에서 뒤로 가기를 누르면 앱을 종료한다.

QR check!

[QR 7-1]
도슨트 앱 실행 영상

(1) 프로젝트 생성

프로젝트 이름은 무엇으로 만들어도 상관없지만 앱의 이름이나 특성에 맞게 만들어 주는 것이 좋다. 'docent'로 프로젝트를 생성한다.

(2) 디자이너

프로젝트를 생성하면 기본적으로 하나의 스크린이 생성된다. 우리는 전시 소개, 작품 목록, 작품 설명을 보여 줄 세 개의 스크린이 필요하다.

❶ 스크린 생성

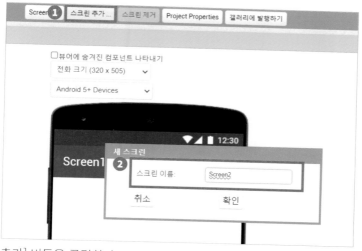

1. [스크린 추가] 버튼을 클릭한다.

2. Screen2를 추가하고 같은 방법으로 Screen3을 추가해 준다.

스크린을 추가하면 해당 스크린의 디자이너 창과 블록 창이 각각 만들어 지는 것을 볼 수 있다. 디자인과 코딩을 할 때에 어떤 스크린에서 하는지 확인하고 해당 스크린에서 디자인과 코딩 작업을 해 주어야 한다.

1장

2장

3장

4장

5장

6장

7장

8장

② Screen1

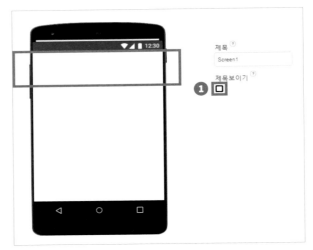

1. 제목 보이기 속성의 체크를 해제하여 화면을 넓게 사용한다. 이후 스크린도 똑같이 적용하는 것을 추천한다.

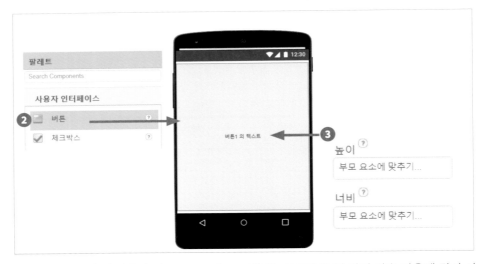

2. 버튼은 사용자 인터페이스(User Interface, UI) 중, 사용자와 앱 간의 상호 작용에 많이 사용된다. 버튼을 클릭하거나 길게 눌러서 명령을 실행하도록 프로그래밍할 수 있다. 팔레트의 사용자 인터페이스 중 버튼을 클릭한 후, 뷰어의 핸드폰 화면 위로 끌고 와서 놓으면 버튼이 추가된다.

3. 버튼의 속성에서 높이와 너비를 부모 요소에 맞추기로 설정한다.

4. 속성 중 이미지에서 [파일 올리기]를 클릭해서 대표되는 이미지를 업로드한다.

5. 업로드한 파일을 선택한 후, [확인]을 누르면 뷰어에 선택된 이미지가 보인다.

6. 버튼 위에 올라가는 텍스트는 필요하지 않으므로 텍스트 속성에서 텍스트는 모두 지운다.

❸ Screen2

1. Screen2의 화면 상단은 전시의 대표 이미지를 보여 주기 위해서 이미지 컴포넌트를 사용한다. 팔레트에서 이미지 컴포넌트를 선택해 뷰어에 추가한다. 이후 스크린도 똑같이 적용한다.

2. 높이는 30~40퍼센트로 설정하고 너비는 부모 요소에 맞추기로 설정한다.

3. 사진 속성에서 이전에 업로드해 두었던 표지 이미지를 선택해 설정한다.

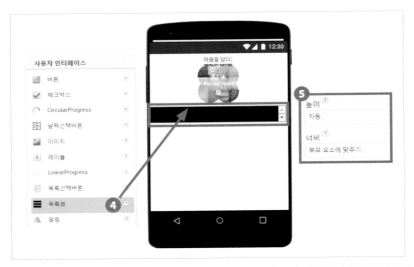

4. 작품 목록을 보여 주기 위해서 목록 뷰를 사용한다. 팔레트에서 목록 뷰를 선택해 뷰어에 추가한다.

5. 높이는 자동으로 선택하고 너비는 부모 요소에 맞추기를 선택한다.

❹ Screen3

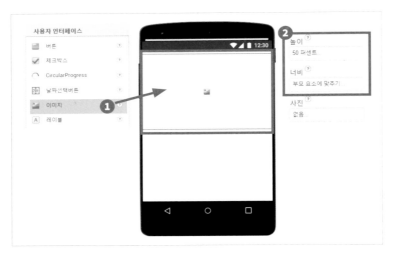

1. 팔레트에서 이미지 컴포넌트를 선택해 뷰어에 추가한다.

2. Screen3의 높이는 50퍼센트로 설정하고 너비는 부모 요소 맞추기로 설정한다.

3. 작가와 작품 제목, 재료와 소재 그리고 작품 설명은 모두 텍스트로 보여 줄 것이다. 텍스트를 쓰기에는 사용자 인터페이스에서 레이블이 가장 적합하다. 작품 제목을 위한 레이블, 재료를 위한 레이블을 각각 추가한다.

4. 레이블의 글꼴 크기, 서체, 텍스트 색상 등을 설정한다. 레이블을 여러 개 사용하도록 코딩을 할 때는 이 레이블이 어떤 역할을 하는 것인지 헷갈릴 수도 있다. 그럴땐 다음과 같은 방법을 사용하는 것이 좋다.

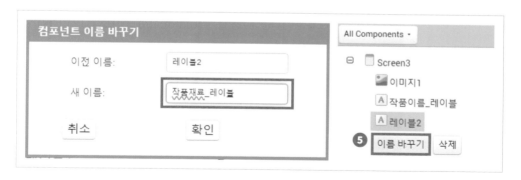

5. 컴포넌트 창 하단의 이름 바꾸기 버튼을 클릭한다. 레이블의 이름을 컴포넌트의 기능에 맞게 수정한다.

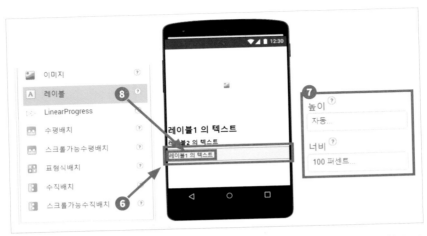

6. 작품 설명은 작품마다 내용의 길이가 다를 수 있고, 화면에 다 들어오지 못할 수도 있으므로 스크롤을 사용할 수 있게 레이아웃을 활용한다. 팔레트의 레이아웃 중 스크롤 가능 수직 배치를 추가한다.

7. 높이는 자동으로 너비는 100퍼센트로 설정한다.

8. 스크롤 가능 수직 배치 안에 레이블을 추가하고 이름 바꾸기로 이름을 수정해 준다.

9. 사용할 작품 이미지를 업로드한다. 앱인벤터에서 업로드하는 이미지 파일은 용량 제한이 있으므로 이미지의 크기에 맞게 용량을 낮추고, 한글이나 특수 문자가 들어간 파일명은 오

류를 일으킬 수 있으므로 이미지의 파일 이름을 수정해 둔다. 프로그래밍의 편의를 위해서 작품 목록 순서에 맞게 파일명을 1, 2, 3, 4로 넘버링해 두면 좋다. 앱 인벤터에서는 파일 업로드 시 드래그 앤 드롭을 지원하고 있다.

업로드할 파일을 선택한 후, 팔레트 영역이나 미디어 영역으로 끌고 오면 업로드가 가능한 구역이 표시된다. 활성화된 구역에 드롭하면 업로드가 된다.

10. 업로드된 파일은 미디어 창에서 확인할 수 있다.

11. 도슨트 앱에서 작품 설명을 눈으로 읽을 수도 있지만 이어폰을 사용해서 듣기도 한다. 음성 지원을 위해서 미디어에서 음성 변환 컴포넌트를 추가한다.

(3) 블록

앱 인벤터의 블록 코딩은 매우 직관적으로 만들어져 있으므로 버튼에 대한 코딩을 할 때는 버튼 컴포넌트를 선택해서 블록을 찾으면 된다. 스크린 전환 관련 블록은 제어에서 찾으면 된다.

❶ Screen1 코딩

1. 버튼을 누르면 다음 스크린으로 넘어가게 프로그래밍한다.

2. 안드로이드 시스템에서 하단 '<' 버튼은 '뒤로 가기' 버튼이다. 뒤로 가기 버튼을 눌렀을 때 첫 화면에서는 프로그램을 종료하도록 한다.

❷ Screen2 코딩

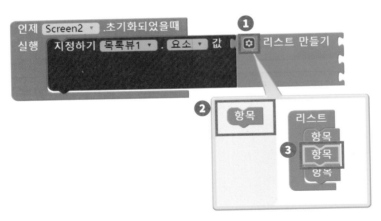

1. 먼저 Screen2가 시작될 때부터 목록 뷰에 작품 목록이 보이도록 목록 뷰의 요소를 설정한다. 요소를 추가할 때 리스트를 사용하면 편리하다. 리스트 만들기 블록은 두 칸밖에 없지만 리스트의 크기는 변경 가능하다.

2. 리스트 만들기 블록에서 파란색 설정 버튼을 클릭하면 리스트의 항목을 추가 또는 삭제할 수 있는 창이 생긴다.

3. 왼쪽에 있는 항목 블록을 선택해 오른쪽에 있는 리스트에 추가한다. 원하는 위치에 항목을 추가하거나 삭제할 수 있다.

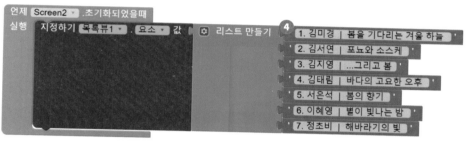

4. 리스트의 항목을 글자를 사용할 것이므로 텍스트 블록의 빈칸을 가지고 와서 텍스트를 작성하면 된다.

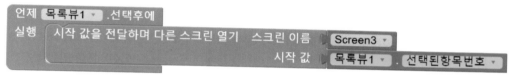

5. 작품 목록 중 하나가 선택이 되었다면 다음 스크린으로 넘어가면 된다. 대신 선택된 항목의 번호를 같이 전달한다.

언제 Screen2 ▼ .뒤로가기버튼을눌렀을때
실행 다른 스크린 열기 스크린 이름 Screen1 ▼

6. 뒤로 가기 버튼을 눌렀을 때는 Screen1로 이동한다.

❸ Screen3 코딩

전역변수 만들기 작품번호 초기값 시작 값 가져오기

1. Screen2에서 넘어온 시작 값을 변수에 저장해 둔다.

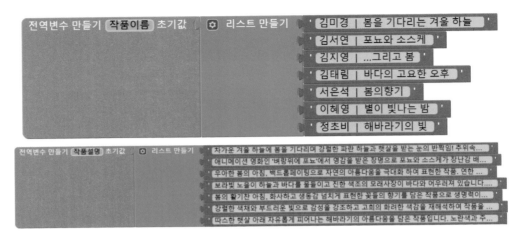

2. 리스트 변수를 만들어서 작품 이미지 파일, 작품명, 작품 설명을 각각 저장해 둔다. 업로드한 파일 이름을 스피너로 설정할 수 있는 블록이 이미지 컴포넌트 안에 있으므로 그 블록을 사용하면 된다. 작품 이름과 작품 설명 리스트는 텍스트 블록의 빈칸을 가지고 와서 텍스트를 입력하면 된다.

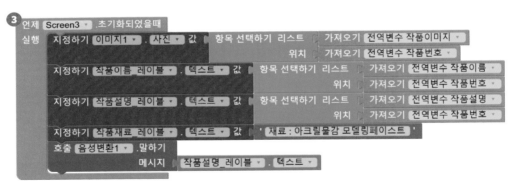

3. Screen3이 초기화되었을 때 화면에 보여 줄 이미지와 작품명, 작품 설명을 작품 번호 변수를 사용하여 설정해 주고 음성 변환으로 작품 설명을 읽어 준다.

4. 뒤로 가기를 눌렀을 때는 음성 변환을 멈추고 작품 목록이 나오는 Screen2로 이동한다.

(4) 테스트

1. 앱 인벤터 상단 메뉴에서 연결을 클릭한다.

2. AI 컴패니언을 선택하면 스마트폰으로 연결이 되는 QR코드와 여섯자리 문자 코드가 있는 창이 열린다.

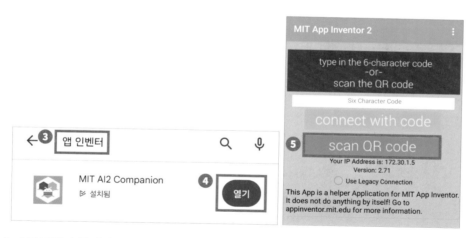

3. 스마트폰의 플레이스토어에 가서 '앱 인벤터' 또는 'MIT AI2 Companion'을 검색한다.

4. 앱을 설치하고 실행한다.

5. scan QR code 버튼을 클릭하여 앱 인벤터에서 생성된 QR코드를 인식하면 앱 인벤터에서 만든 앱을 스마트폰에서 디자인과 코딩을 테스트 할 수 있다.

(5) 스마트폰에 설치하기

동작하는 것을 확인했다면 스마트폰에 설치할 수 있다. 설치를 위해서는 앱 이름과 아이콘을 설정한다.

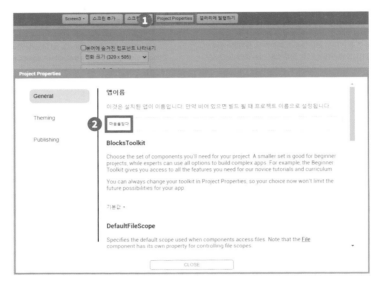

1. 상단 중앙에 [Project Properties]를 클릭한다.

2. 앱 이름은 한글로 만들 수 있다. 전시 이름으로 바꾸어 주고 아이콘은 대표 이미지로 설정한다.

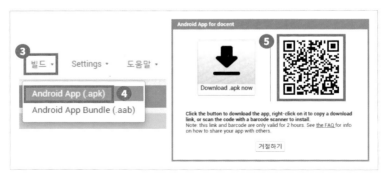

3. 상단 메뉴에서 빌드를 클릭한다.

4. apk를 선택해 설치 파일을 만든다.

5. apk 설치 파일이 만들어지면 설치 파일을 다운로드할 수 있는 QR코드가 생성이 되어 링크를 연결해 설치할 수도 있다. 단, 설치 파일을 다운로드할 수 있는 링크는 2시간만 유효하다. 스마트폰 카메라로 QR코드를 찍으면 바로 다운로드 링크로 연결된다.

6. 최근 스마트폰은 보안이 잘 되어 있기 때문에 플레이스토어에서 다운로드하지 않은, 출처가 불분명한 앱은 여러 번 경고 메시지가 나온다. 출처가 불분명한 앱을 설치하는 것은 위험하지만, 스스로 만든 앱을 테스트한 후 설치하는 것이므로 경고를 잘 읽고 설치를 선택한다.

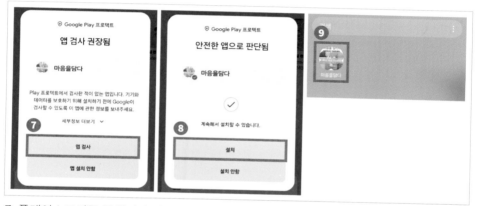

7. 플레이스토어를 통해서 출판하지 않더라도 앱을 설치하기 전에 앱 검사가 권장된다.

8. 우리가 만든 앱은 안드로이드 시스템에 문제를 발생시키지 않으므로 설치가 가능하다.

9. 설치 후에 설정한 아이콘과 앱 이름도 확인 가능하고, 도슨트 앱을 실행해서 작품 감상을 확인한다.

2. 화가 그림 모작 그림판 앱 만들기

2-1) 모작이란?

좋아하는 캐릭터나 그림을 따라 그려 본 경험이 한 번쯤은 있을 것이다. 모작이란 다른 사람이 만든 작품을 보고 따라 그리거나 만드는 것이다. 모작을 하면 원작자의 그림을 배우고 그리기나 만들기 실력을 늘릴 수도 있고, 새로운 아이디어를 얻기도 한다. 모작을 할 때 유의할 점은 원작이 다른 사람의 작품임을 기억하고 작가와 작품을 존중해야 한다는 것이다.

2-2) 명화 모작 그림판 앱 만들기

모작을 보다 쉽게 하고, 그림 그리기에 두려움을 없애기 위해 배경 이미지를 제공하고 덧그림을 그려볼 수 있는 앱을 기획하였다. 앱 인벤터에서 캔버스 컴포넌트를 사용하면 기본적인 그림판 기능을 구현할 수 있다. 사용자가 색과 펜선 등 선택할 수 있는 부분을 늘리고, 명화 배경을 설정할 수 있게 하여 명화 모작 그림판 앱을 만들어 보자.

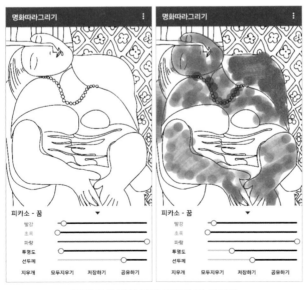

[그림 7-4] 명화 따라 그리기 앱 디자인

QR check!

[QR 7-2]
명화 따라 그리기
앱 실행 영상

(1) 프로젝트 생성

[새 프로젝트 시작하기]를 선택하여 프로젝트를 생성한다. 프로젝트 이름은 'drawing _app'으로 설정했다.

(2) 디자인하기

1. 제목을 '명화 따라 그리기'로 수정한다. 스마트폰 화면 상단의 제목이 수정된다.

2. 캔버스 컴포넌트를 추가한다.

3. 캔버스 컴포넌트의 높이와 너비를 설정해 주어야 하는데, 이 부분은 전체 화면을 디자인하고 스마트폰으로 확인한 후, 스마트폰에 맞게 조정이 필요하다. 너비는 부모 요소에 맞추기로 설정하고 높이는 우선 40% 정도로 설정한 후, 추후에 수정하도록 한다.

[QR 7-3]
명화 따라 그리기
앱 배경 이미지

4. 명화의 선을 딴 이미지 파일을 업로드한다. 이 앱에서 사용한 이미지 파일은 QR코드를 통해서 다운로드할 수 있다.

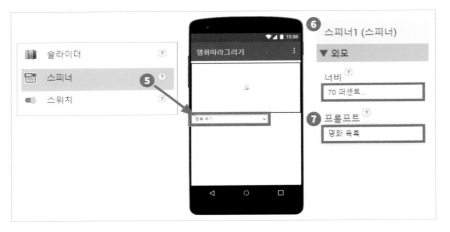

5. 명화의 목록을 보여 주고 선택할 수 있도록 하기 위해 스피너를 사용할 것이다. 항목 추가에서 스피너를 추가한다.

6. 너비는 70퍼센트로 나중에 입력할 요소의 텍스트가 모두 보일 수 있게 넓게 설정한다.

7. 프롬프트에 '명화 목록'이라고 입력하여 스피너의 제목을 설정한다.

8. 캔버스에 사용할 펜 색상, 펜 굵기, 투명도를 모두 사용자가 설정 가능하도록 디자인하기 때문에 표 형식 배치를 추가한다.

9. 너비는 부모 요소 맞추기로 설정한다.

10. RGB 색상 설정과 투명도와 선 두께까지 설정하기 위해서 총 5개의 설정 메뉴와 설명하는 텍스트를 넣어야 한다. 속성값을 5행 2열로 수정한다.

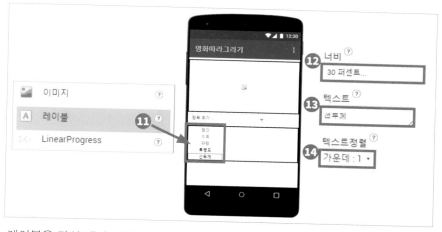

11. 레이블을 다섯 개 추가한다. 표 형식 배치의 격자가 보이지는 않지만 왼쪽 열에 레이블을 배치한다.

12. 너비를 30퍼센트로 설정한다.

13. 레이블의 텍스트를 설정할 값들로 수정해 준다.

14. 텍스트 정렬을 가운데로 설정한다.

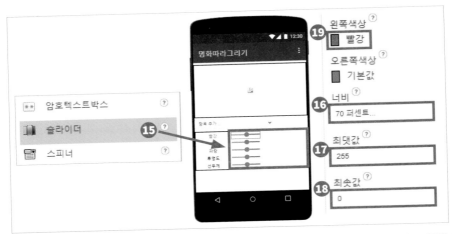

15. 색상(RGB), 투명도, 선 두께 모두 슬라이더를 사용해 조정할 수 있게 표 배치 오른쪽 열에 슬라이더를 다섯 개 추가한다.

16. 너비를 70퍼센트로 설정한다.

17. RGB 색상과 투명도 값은 0~255의 값을 가지므로 최댓값을 255, 선 두께는 50으로 설정한다.

18. RGB 색상과 투명도의 최솟값은 0으로 설정하고, 선 두께는 1로 설정한다.

19. 슬라이더의 색상도 직관적으로 알 수 있게 변경한다.

20. 슬라이더를 5개 사용하면 후에 코딩할 때 혼란을 가져올 수 있다. 컴포넌트 창에 이름 바꾸기를 선택한 후 슬라이더의 이름을 변경해서 코딩을 용이하게 한다.

21. 버튼을 나란히 놓기 위해서 수평 배치를 추가한다.

22. 수평 배치의 수평 정렬은 가운데로 설정한다.

23. 너비는 부모 요소에 맞추기로 설정한다.

24. 지우개, 모두 지우기, 저장, 공유 기능을 실행할 버튼을 네 개 추가한다.

25. 버튼의 텍스트를 수정하고 버튼의 텍스트 정렬을 가운데로 설정한다. 코딩에 용이하게 컴포넌트 이름도 바꾸어 둔다.

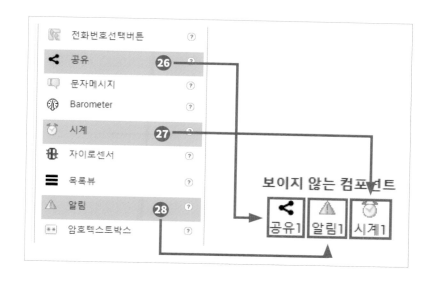

1장

2장

3장

4장

5장

6장

7장

8장

26. 공유 기능을 사용하기 위해 공유 컴포넌트를 추가한다.

27. 사용자에게 팝업창으로 알림을 주기 위해서 알림 컴포넌트를 추가한다.

28. 파일을 저장할 때, 시간 정보를 얻기 위한 시계 컴포넌트도 추가한다.

(3) 디자인 테스트하기

디자인이 잘 되었는지 스마트폰 화면으로 확인해 보는 것이 좋다. 스마트폰 화면으로 확인한 후, 캔버스의 높이를 60~70퍼센트로 조정하여 이미지를 크게 사용할 수 있게 한다.

(4) 블록 코딩

1. 명화 목록이라는 리스트 변수를 만들어 준다. 리스트 항목을 다섯 개로 만들고 첫 번째 항목은 배경 없음으로 하고 명화 배경의 작가와 작품 이름을 리스트에 추가한다.

2. Screen 1이 초기화될 때, 스피너의 요소 값으로 명화 목록 리스트 변수를 설정한다.

3. 색상 만들기 블록은 리스트로 만들어 주는데 각각의 항목이 R, G, B 값이다. 리스트의 네 번째 항목으로 투명도를 추가할 수 있다. 투명도 값은 낮을수록 투명하다.

4. 캔버스의 페인트 색상을 슬라이더의 섬네일이 위치한 값으로 초기화해 준다.

5. 선의 두께 값도 슬라이더 섬네일 위치로 초기화해 준다.

6. 스피너에서 명화를 선택하면 캔버스의 배경 이미지로 설정해 준다.

7. 우리는 파일 이름을 1, 2, 3, 4로 만들었고 명화 목록 리스트 항목 번호는 1번이 배경 없음으로 되어 있다. 나머지 이미지는 하나 더 큰 수의 항목 번호를 가지기 때문에 수식을 이용해서 파일 이름을 만들어 준다. 배경 없음을 선택하면 '0.png'가 설정되는데 해당 파일이 업로드되어 있지 않으므로 배경은 설정하지 않는다.

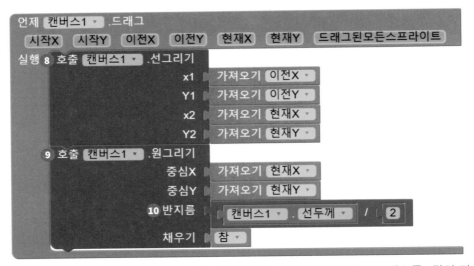

8. 캔버스는 x, y 좌푯값을 가지고 있다. 원점은 왼쪽 상단이고 오른쪽으로 갈수록 x값이 커지고 아래로 내려갈수록 y값이 증가한다. 캔버스 위에 드래그를 하면 선 그리기 함수를 사용하여 선을 그릴 수 있다.

9. 선 두께가 굵어지면 선이 깨지는 것을 보완하기 위해 원 그리기 함수를 사용하여 선 위에 원을 덧그려 준다.

10. 원을 그릴 때 원의 반지름은 캔버스 선 두께의 절반 값으로 설정해야 한다.

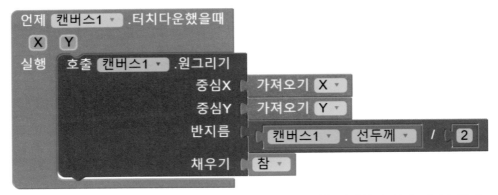

11. 캔버스 위에 손가락을 내리면 그 위치에 점이 찍히는 것을 기대할 수 있다. 캔버스에 터치다운했을 때 원이 그려지게 코딩한다.

12. R, G, B 그리고 투명도 섬네일이 변경되었을 때 섬네일 위치로 색상을 만들어 페인트 색상을 설정한다. 선 두께 슬라이더의 섬네일이 변경되면 선 두께 값도 재설정해 준다.

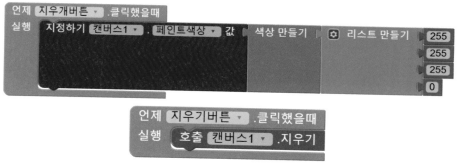

13. 캔버스에서 지우개 기능을 만들어 주려면 색상을 흰색으로, 투명도는 0으로 설정해 주면 된다. 지우개 버튼을 눌러서 캔버스에 그려진 그림을 모두 지운다. 배경 이미지는 그대로 있다.

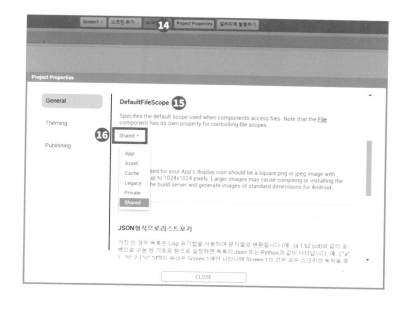

14. 안드로이드 파일 접근 정책이 변경되면서 앱이 저장 장소에 접근할 수 있는 권한을 요청하거나 DefaultFileScope 옵션을 설정하고 파일이 저장될 경로를 설정하도록 바뀌었다. [Project Properties] 메뉴를 클릭한다.

15 .DefaultFileScope를 스크롤해서 찾는다.

16. DefaultFileScope의 옵션 중, Shared를 선택한다. Shared 옵션은 Pictures 같은 공용 폴더에만 접근할 수 있기 때문에 저장 경로를 지정해 주어야 한다.

17. 저장 경로를 Pictures로 지정하기 위해 파일 이름을 설정할 때 폴더 이름을 추가해 준다.

18. 다른 이름으로 저장하기 함수 블록을 사용하여 이미지를 저장하는데, 이 블록은 단독으로 사용할 수 없다.

19.결괏값은 무시하고 실행하기 블록에 다른 이름으로 저장하기 블록을 끼워 넣는다.

20. 파일 이름을 지정하여 저장해야 하기 때문에 계속해서 변하는 값인 시간 정보가 필요하다. 시계 컴포넌트의 인스턴트를 사용하여 파일 이름을 만들어 준다.

21. 사용자에게 저장이 잘 되었다는 것을 알려 주기 위해서 알림의 경고창 보이기를 사용해서 저장되었다고 알려 준다.

22. 공유 기능을 사용하기 위해서 그림을 그린 이미지를 저장하여 파일로 공유할 수 있도록 코딩해 준다.

(5) 블록 코딩 테스트

코딩이 잘 되었는지 다양한 테스트를 해 본다. 스피너로 명화를 선택하면 반영이 되는지, 슬라이더로 색깔 투명도 선 두께가 모두 변경되는지, 선과 점이 잘 그려지는 지, 지우개와 지우기 기능 등을 확인해 본다.

(6) 앱 설치

1. Project Propertie에서 앱 이름과 아이콘을 설정해 준다.

2. 안드로이드 최신 버전의 장치 기본값이 제목을 보이지 않게 하고 화면을 더 넓게 사용하는 경우가 있어서 테마를 'Dark'로 변경해 준다.

3. 빌드 메뉴에서 .apk 설치 파일을 만들고 스마트폰에 설치해 준다. 앱이 잘 실행되는지 확인한다.

[그림 7-5] 명화 따라 그리기 앱 테스트

4. 저장하기 버튼을 누르면 그린 이미지가 저장된다. 내 파일 앱으로 들어가서 최근 추가된 파일 혹은 내장 저장 공간 – Pictures 폴더에서 확인해 볼 수 있다.

[그림 7-6] 이미지가 저장된 폴더 위치

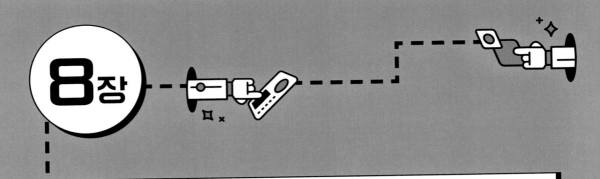

AI 아트 작품 전시

1. 시각적 사고력으로 전시 기획하기

현대 사회는 시각 이미지로 소통함으로써 시각적 사고력이 중요한 시대이다. 시각적 사고력은 눈에 보이는 정보를 해석하고 분석하며, 이를 바탕으로 새로운 아이디어를 창출하거나 문제를 해결하는 능력을 말한다. 시각적 이미지를 통해 사고하는 방식으로, 추상적인 개념이나 복잡한 정보를 보다 직관적이고 명확하게 이해하고 소통할 수 있도록 돕는다.

1-1) 시각적 사고력으로 전시 기획하는 방법

❶ 콘셉트 설정: 전시의 주제와 메시지를 명확히 정리하고, 시각적으로 표현할 수 있는 요소들을 구상하고 전시의 전체 흐름을 잡는 핵심이다.

❷ 공간 분석: 전시 공간의 크기, 구조, 조명을 고려하여 각 작품의 배치와 동선을 계획한다. 공간과 작품이 자연스럽게 어우러지도록 시각적으로 구성한다.

❸ 작품 선정 및 배치: 주제에 맞는 작품을 선택하고, 각각의 작품이 상호 작용하면서 관람객의 시선을 끌 수 있는 위치를 고민한다. 다양한 관점에서 작품을 바라볼 수 있도록 배치한다.

[그림 8-1] 디지털 리얼리티: 연결된 예술의 공간, 전시회 이미지(문화공간151갤러리)

❹ 공간 분석: 전시 공간의 크기, 구조, 조명을 고려하여 각 작품의 배치와 동선을 계획한다. 공간과 작품이 자연스럽게 어우러지도록 시각적으로 구성한다.

❺ 작품 선정 및 배치: 주제에 맞는 작품을 선택하고, 각각의 작품이 상호 작용하면서 관람객의 시선을 끌 수 있는 위치를 고민한다. 다양한 관점에서 작품을 바라볼 수 있도록 배치한다.

❻ 시각적 연출: 조명, 색상, 텍스처 등의 시각적 요소를 활용해 관람객의 몰입도를 높인다. 작품의 특징을 극대화할 수 있는 환경을 조성하여 시각적 경험을 강화한다.

❼ 관람객의 동선: 관람객의 이동 경로를 고려해 자연스럽게 전시를 관람할 수 있는 동선을 설계한다. 시각적으로 중요한 요소들을 경로에 따라 배치해 이야기가 연결되도록 한다.

[그림 8-2] 디지털 리얼리티: 연결된 예술의 공간 전시 포스터

디지털 리얼리티: 연결된 예술의 공간

"디지털 리얼리티: 연결된 예술의 공간"은 IT 도구와 사물인터넷(IoT)을 활용하여 예술과 기술의 경계를 허무는 인터랙티브 아트 전시회입니다. 관람객들은 단순한 감상이 아닌 작품과의 직접적인 상호작용을 통해 새로운 경험을 할 수 있습니다.

이 전시회는 디지털 센서, 스마트 디바이스, 그리고 AI 알고리즘 등 최신 IT 기술이 예술적 창의성과 결합된 작품들로 구성되어 있으며, 각 작품은 관람객의 동작, 소리, 또는 생체 신호 등을 통해 반응하고 변화 합니다. 이 과정에서 예술 작품은 단순한 물리적 오브젝트를 넘어, 살아 숨 쉬는 존재로 변모하며 관람객과의 상호작용을 통해 새로운 스토리를 만들어갑니다.

참가자들은 이러한 인터랙티브 경험을 통해 기술이 우리의 일상과 예술에 어떤 영향을 미치는지, 그리고 그 경계가 어떻게 확장되고 있는지를 체험하게 됩니다. '디지털 리얼리티'는 기술과 예술이 하나가 되어 만들어내는 미래의 창조적 공간을 탐험하는 기회입니다.

[그림 8-3] 전시 개요 이미지

[그림 8-4] 박람회 체험 전시 기획 이미지

이 과정을 통해 관람객에게 강렬한 시각적 경험을 제공하는 전시를 기획할 수 있다.

시각적 사고력을 활용하여 메타버스 공간에 전시회를 기획하고 디지털 환경의 장점을 고려해 상호 작용과 몰입감을 높여 코스페이시스 에듀(CoSpaces Edu)나 로블록스(Roblox)의 가상 환경을 분석하고, 관람객이 가상공간에서 자연스럽게 이동할 수 있는 동선과 공간 구성을 설계한다. 관람객의 몰입을 위해 시각적 요소 외에도 사운드, 애니메이션 등을 결합하여 감각적 경험을 제공한다. 또한, 코스페이시스 에듀나 디토랜드(DitoLand), 로블록스의 다양한 기능을 활용해 전시 환경을 풍부하게 구성한다.

1-2) 타깃 관객 설정과 전시 공간의 조화

❶ 타깃 분석: 관람객의 연령대, 관심사, 취향 등을 고려하여 맞춤형 전시 기획을 할 필요가 있다. 예를 들어, 어린이 대상일 경우 인터랙티브한 요소를 더 강화하는 것이 좋다.

❷ 작품 배치: 공간의 크기, 조명, 작품 간의 거리 등은 작품을 돋보이게 하는 데 중요한 역할을 한다. 인터랙티브 아트나 센서가 포함된 작품일 경우 관람객이 충분히 체험할 수 있도록 공간을 넓게 배치한다.

❸ 공간 활용: 전시 공간의 동선은 자연스럽게 유도되어야 하며, 작품 간의 흐름을 방해하지 않도록 계획해야 한다.

1장

2장

3장

4장

5장

6장

7장

8장

2. 디지털 전시 기획

2-1) 전시 개요

❶ 전시 제목: 디지털 예술의 미래 - 메타버스 속 창작과 인터랙션

❷ 전시 플랫폼: 코스페이시스 에듀(CoSpaces Edu), 디토랜드(DitoLand), 로블록스 (Roblox)

❸ 전시 기간: [기간 설정 필요]

❹ 전시 방식: 가상공간에서 관객과 상호 작용할 수 있는 인터랙티브 아트 작품 전시

2-2) 전시 목적

메타버스 플랫폼을 활용하여 디지털 아트와 기술의 융합을 선보임으로써 더 많은 사람이 예술과 상호 작용할 수 있는 새로운 경험을 제공하고 아티스트, 학생, 그리고 일반인 모두가 쉽게 접근할 수 있는 환경에서 예술적 영감을 공유하며, 디지털 기술의 가능성을 탐구한다.

2-3) 주요 특징

❶ 인터랙티브 아트: 코스페이시스 에듀와 로블록스에서 작품들이 관람객의 움직임, 클릭, 목소리 등 다양한 상호 작용을 통해 변화하는 형태의 인터랙티브 아트

❷ 가상 전시 공간: 디토랜드, 로블록스의 가상 세계에 전시관을 구축해 관람객이 자유롭게 탐험하며 작품을 감상할 수 있도록 설계한다.

❸ 크로스 플랫폼 전시: 각 메타버스 플랫폼의 특성에 맞춘 전시 환경을 구축하여 다양한 사용자층을 포용한다.

❹ 기술 연계: 아티스트들의 디지털 작품과 다양한 센서(음성 인식, 움직임 인식 등)와 결합된 설치 미술을 전시한다.

2-4) 코스페이시스 에듀

코스페이시스 에듀(CoSpaces Edu)는 3D 오브젝트로 다양한 3D 환경을 만들고, 코딩을 통해 애니메이션을 제어할 수 있으며 VR과 AR로 작품을 감상할 수 있는 웹, 앱 기반 도구이다. 다른 프로그램으로 만든 3D 파일과 이미지, 동영상, 음원을 불러올 수 있고, 코스페이시스 에듀에 있는 3D 요소들로 새로운 창작물을 만들 수 있다.

코스페이시스 에듀는 전 세계 학교에서 널리 사용되는 창작 웹, 앱으로 자신만의 가상 콘텐츠를 쉽게 만들 수 있도록 도와준다. 단순히 브라우저 내에서 웹사이트로 작동할 뿐만 아니라 모바일 및 태블릿 앱으로도 작동하는 코스페이시스 에듀는 학생들이 VR 또는 AR에서 자신의 창작물을 구축, 코딩 및 탐색하는 동시에 학습을 시연하고 디지털 기술을 개발할 수 있도록 한다.

학급 단위로 과제를 생성하거나 할당된 과제를 확인한 후 제출하는 등 학급 관리를 할 수 있도록 클래스 기능과 한 가상공간에서 협업하여 작품을 만들 수 있다.

① 코스페이시스 에듀 검색하여 접속 → ② 선생님 구글 계정 로그인 → ③ 학급 만들기 → ④ 한 달 무료 체험판 활성화 → ⑤ 새 과제 만들기 → ⑥ 개별 학생과 학생 그룹으로 배정 후 작업

- https://cospaces.io

1. Sign up 버튼을 클릭 후 구글 계정으로 로그인한다.

2. 선생님으로 가입 후 +학급 만들기를 할 수 있다.

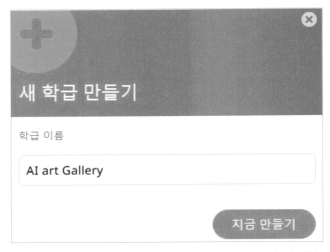

3. 새 학급 이름을 작성 후 지금 만들기 버튼을 클릭하면 학생들이 가입할 수 있는 코드가 생성된다. 코스페이시스 에듀 Pro 라이선스 플랜은 여러 교사가 공유할 수 있다. Pro 플랜을 구매하면 다른 교사와 공유하여 라이선스 플랜에 액세스할 수 있는 키를 받게 된다. 선생님 계정을 무료로 가입하여 한 달 동안 100개의 좌석까지 기능 제한 없이 사용할 수 있는 체험판을 활성화하여 사용할 수도 있다. (트라이얼 활성화 코드: COSTEAM)

코스페이시스 에듀에서는 3D 제작도 가능하며 외부에서 모델링된 작품도 업로드할 수 있다. 지원하는 파일 형식은 .obj, .mtl, .fbx, .zip 등이 있다. 여러 가지 기능을 활용하여 가상 공간에 전시관을 만들어 보자.

4. 선생님 계정은 만 18세 이상의 이용 약관에 동의해야 한다.

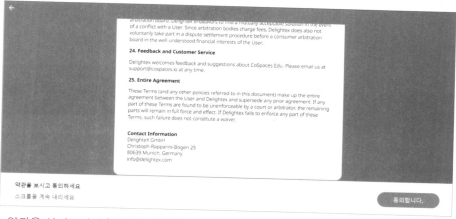

5. 약관을 살펴보아야 '동의합니다' 버튼이 활성화된다.

6. 코스페이스를 이용하기 위해서는 회원 가입을 애플, 구글, 마이크로소프트 계정으로 쉽게 가입할 수 있다. 학생 또는 선생님 중 하나를 선택한 후 약관 동의하면 가입한 계정으로 확인 메일이 발송된다. 해당 메일을 열고 'Confirm email'을 클릭하면 로그인할 수 있다.

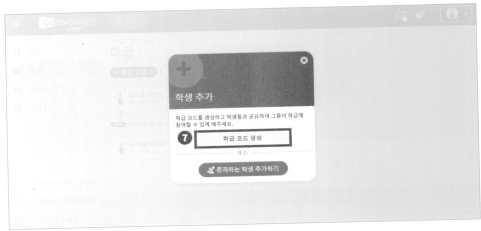

7. 학급 코드를 생성하여 학생들과 공유하고 학급에 참여할 수 있도록 한다.

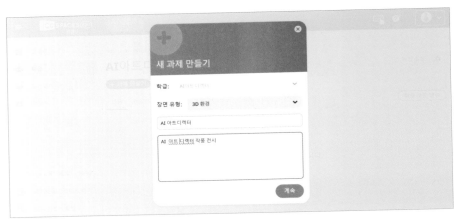

8. + 새 과제 만들기를 클릭하여 장면 유형을 학생들에게 3D 환경, 360도 이미지, 머지큐브, TOUR 혹은 학생이 직접 선택하도록 지정하고 개별 학생과 학생 그룹으로 배정할 수 있다.

9. 라이브러리에서 캐릭터, 동물, 주택, 자연, 수송, 아이템 등을 가져올 수 있으며 만들기를 통해 직접 만들 수도 있고, 검색을 통해 가져올 수도 있다.

10. 각 요소, 전시 소개, 관람 캐릭터를 코블록스로 코딩하여 직접 움직이게 만들 수 있다.

11. AI art Gallery 전시 소개 정보 창이 나타나도록 만들 수 있다.

12. 정보 창 보이기를 곳곳에 코딩하여 시각적 전시와 정보를 함께 가상공간에서 관람할 수 있도록 기획하고 실행할 수 있다.

[그림 8-5] 코스페이시스 에듀 AI ART GALLERY (최종 QR 코드 - https://edu.cospaces.io/SZX-ZWP)

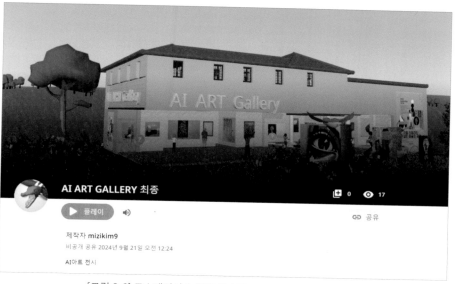

[그림 8-6] 코스페이시스 에듀 AI ART GALLERY 플레이 페이지

QR check!

[QR 8-1]
코스페이시스 에듀
AI ART GALLERY

2-5) 디토랜드

디토랜드(DitoLand)는 코딩을 모르는 초보자도 쉽게 메타버스를 만들 수 있는 플랫폼이다. 유티플러스 인터랙티브에서 2021년에 출시한 샌드박스 메타버스 공간 제작 플랫폼으로 게임을 플레이하고 다른 사용자와 소통할 수 있다. 스튜디오에서 월드를 직접 제작할 수 있고, 대시보드에서 아바타를 꾸밀 수 있다. 모바일과 PC에서 모두 사용 가능하고 제작 툴은 PC에서만 지원한다. 3D 가상공간을 구축하는 방법과 루아 스크립트 언어를 통해 텍스트 코딩을 배울 수 있다. 전시, 이벤트, 콘서트, 메타포츠 등 다양한 사회 문화 경제 활동을 할 수 있다.

- https://ditoland.net

[그림 8-7] 디토랜드 AI ART GALLERY 메타버스 공간 구현 이미지 ①

[그림 8-8] 디토랜드 AI ART GALLERY 메타버스 공간 구현 이미지 ②

2-6) 로블록스

로블록스(Roblox)는 플레이어와 개발자 모두를 위한 엔터테인먼트 플랫폼이다. 월간 1억 명 이상의 활성 사용자를 보유한 로블록스는 3D 가상공간을 구축하는 방법과 루아 스크립트 언어를 통해 텍스트 코딩을 배울 수 있는 도구이다. 온라인 게임 플랫폼 및 게임 제작 시스템을 갖추고 있어 게임 제작뿐 아니라 다양한 메타버스 공간으로 활용할 수 있다.

- https://www.roblox.com/ko

[그림 8-9] 로블록스 AI ART GALLERY 메타버스 공간 구현 이미지 ①

[그림 8-10] 로블록스 AI ART GALLERY 메타버스 공간 구현 이미지 ②

3. AI 디지털 도록 북크리에이터(Book Creator)

3-1) 북크리에이터란?

북크리에이터는 온라인 책 만들기 협업 도구이다. 다양한 형태의 책 제작이 가능하고 학급 가상 도서관도 만들 수 있다. 교사 계정으로 체크하면 라이브러리당 40권의 책이 무료로 제공된다. 시각적 사고력으로 AI 아트 작품을 온라인 도록으로 만들 수 있다.

① 북크리에이터 검색 → ② bookcreator.com 접속 → ③ 구글 계정 로그인 → ④ +New Book을 클릭 → ⑤ 템플릿 선택 → ⑥ 이미지 업로드 → ⑦ 음원, 동영상 업로드 → ⑧ 공유

- https://bookcreator.com

3-2) E-Book 도록 만들기

1. 교사로 회원 가입하는 것을 추천한다.

2. 교사로 선택하여 구글 계정으로 로그인한다.

3. 학년, 과목, 라이브러리 이름 등은 어떤 것을 선택해도 좋다. 변경도 가능하다. +New Book을 클릭한다.

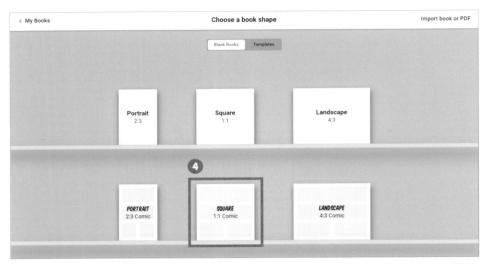

4. 원하는 레이아웃을 선택한다. 도록을 위해 Square 사이즈로 하단의 양식을 선택하면 다양하게 편집할 수 있다.

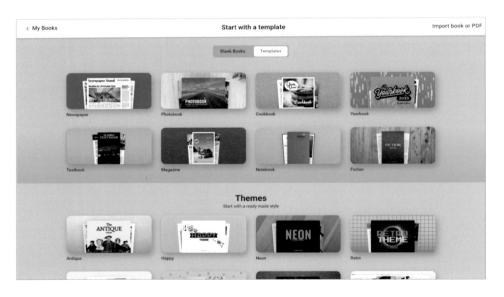

5. 다양한 템플릿 사용이 가능하다.

6. 뉴스페이퍼 양식도 있어서 학급 신문 만들기에도 용이하다.

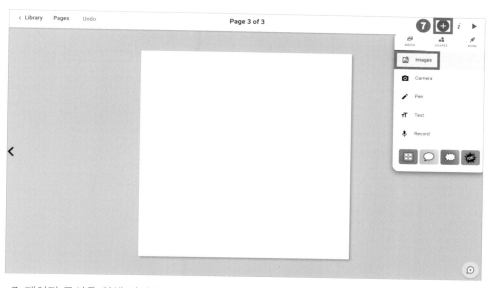

7. 페이지 구성을 위해 이미지를 업로드한다.

1장

2장

3장

4장

5장

6장

7장

8장

8. 업로드할 이미지를 찾아서 업로드한다.

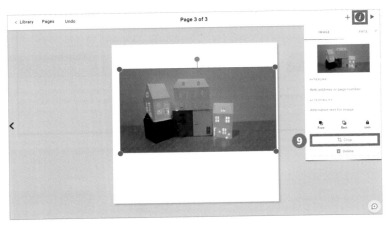

9. 업로드한 이미지를 Crop 기능으로 잘라서 사용할 수도 있다.

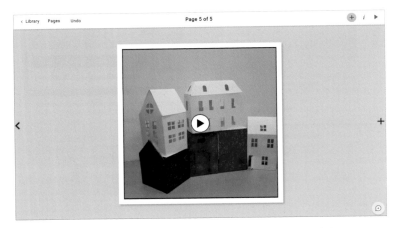

10. 직접 녹음도 가능하고 AI 작곡한 음원, 동영상까지 업로드할 수 있다.

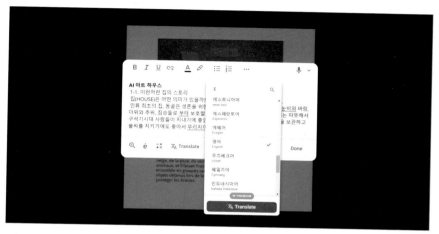

11. 텍스트 편집이 가능하다. 언어 선택을 하면 텍스트를 읽어 주기 기능으로 인공지능이 직접 읽어 준다.

12. 온라인 도록을 발행하여 공유할 수 있다.

[그림 8-11] 온라인 도록 표지

[그림 8-12] 온라인 도록 내지 ①

[그림 8-13] 온라인 도록 내지 ②

[그림 8-14] 온라인 도록 내지 ③

[그림 8-15] 온라인 도록 내지 ④

[그림 8-16] 온라인 도록 페이지

[그림 8-17] 온라인 도록 링크, QR코드 공유

[QR 8-2] 온라인 도록

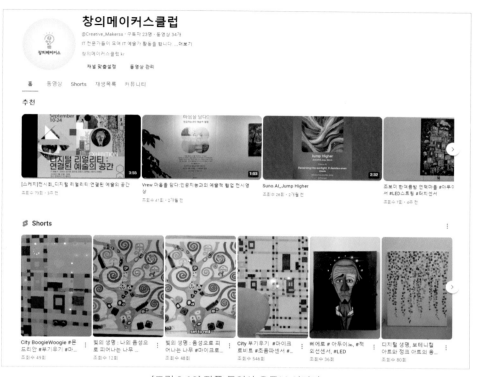

[그림 8-18] 작품 동영상 유튜브 이미지

[도록 작품 동영상 유튜브 링크]

- https://www.youtube.com/@Creative_Makerss

QR check!

[QR 8-3] 작품 동영상 유튜브

1장

2장

3장

4장

5장

6장

7장

8장

AI 메이커 교사가 만든
AI 아트디렉터를 위한

생성형 AI 창의 융합 교육

| 2025년 3월 17일 | 1판 | 1쇄 | 인 쇄 |
| 2025년 3월 25일 | 1판 | 1쇄 | 발 행 |

지 은 이 : 조보미 · 김미경 · 서은석 · 김지영
            이혜영 · 안은기 · 권택분 공저

펴 낸 이 : 박   정   태

펴 낸 곳 : **주식회사 광문각출판미디어**

10881
파주시 파주출판문화도시 광인사길 161
광문각 B/D 3층
등   록 : 2022. 9. 2 제2022-000102호
전 화(代): 031-955-8787
팩   스 : 031-955-3730
E - mail : kwangmk7@hanmail.net
홈페이지 : www.kwangmoonkag.co.kr

ISBN : 979-11-93205-51-8   03370

값 : 20,000원